Reitlehrer und Reiter
in Uniform und Zivil

Eine Anleitung nach den Grundsätzen der
deutschen Reitvorschrift

bearbeitet von

v. Heydebreck
Oberst a. D.

Faksimile Nachdruck
Scan: Reitlehrer und Reiter in Zivil und Uniform
Zweite Auflage 1927
Verlegt bei Mittler& Sohn

Das ursprüngliche Werk gilt gemäß dem deutschen Urheber-
recht als gemeinfrei

© 2024 Xenophon Verlag e. K
ISBN-13: 978-3956250156

Vorwort

Herr Knut Krüger, Verleger des XENOPHON Verlages, ist an mich herangetreten, für diese hier vorliegende Anleitung, ein Vorwort zu verfassen. Dieses erfüllt mich mit Stolz und ist für mich eine ganz besondere Ehre.

Oberst a.D. Hans von Heydebreck war nicht nur eine hervorragende militärische Persönlichkeit. Heydebreck war auch ein sehr guter Reiter, ein Pferde wissenschaftlich sehr fundiert arbeitender Autodidakt. Er war durch und durch ein „Horseman", wie die Masse der Kameraden seiner Zeit.

Nicht umsonst war Heydebreck Mitglied der 1910 verstärkten Kavallerie-Kommission in BERLIN unter dem Generalinspekteur der Kavallerie, General Georg von Kleist, die den Auftrag hatte, eine reichseinheitlich geltende, allgemein verständlichere, Reitvorschrift zu schaffen.

Neben den allgemeinen dienstlichen Erfordernissen und kavalleristischen Besonderheiten stand die pferdegerechte, gymnastizierende Handlungsweise mit dem Ausbildungsziel „das losgelassene, physisch und psychisch belastbare, gehorsame Gebrauchspferd" im Vordergrund.

Hierbei wurde nicht nur die Lehrmeinung der drei bestehenden militärischen Reit-Institute, sondern ganz besonders die Kriegs -, Truppen – und Züchterische Erfahrung in den Entstehungsprozeß der Reitvorschrift einbezogen.

Somit entstand eine Ausbildungsvorschrift wie sie besser nicht sein konnte. Es lag nun ein reichseinheitliches, noch heute gültiges, Werk vor, mit dem der militärische und zivile Reitlehrer Grundsätzlichkeiten vermitteln konnte. Der Reitlehrer hatte nun einen methodisch schlüssig formulierten „Roten Faden", „Gedachten Verlauf", der bis heute den Anforderungen von M/S vergleichbar ist, an der Hand.

Um dem militärischen, zivilen Reitlehrer das Verständnis um die D.V.E.Nr. 12 (Reitvorschrift) von 1912 bzw. der H.Dv.12 (Reitvorschrift) von 1926(1912)/1932 zu erleichtern hat von Heydebreck diese vorliegende heute noch gültige Anleitung, „Reitlehrer und Reiter in Uniform und Zivil, eine Anleitung nach den Grundsätzen der deutschen Reitvorschrift", mit seinen militärisch reiterlichen, wissenschaftlichen Erfahrungen in seiner 1.Auflage NOVEMBER 1912 und 2.Auflage HERBST 1927 verfaßt.

Jeder Ausbilder und Reiter der gegenwärtig mit der D.V.E.Nr.12 von 1912, oder H.Dv.12 von 1926/32 seine Schüler bzw. sein Gebrauchspferd gymnastizierend ausbildet ist gut beraten, die o.a. Anleitung beim Studium der Reitvorschriften hinzuzuziehen.

Schon alleine vor dem Hintergrund, daß die „Klassische Deutsche Reitlehre" zum „Immateriellen Kulturgut" erhoben worden ist, begrüße ich es sehr, daß der Verleger, neben dem Nachdruck der Reitvorschrift von 1912 (Ausgabe 1926) auch die o.a. Anleitung zum besseren Verständnis der Reitvorschrift verlegt und ich wünsche diesem Nachdruck eine weite Verbreitung sowie Anerkennung in der Reiterschaft und historisch Interessierter.

Wolfgang Klepzig StFw a.D.
MilHist und Reitlehrer

Reitlehrer und Reiter
in Uniform und Zivil

Eine Anleitung nach den Grundsätzen

der deutschen Reitvorschrift

bearbeitet von

v. Heydebreck

Oberst a. D.

Zweite, völlig neubearbeitete Auflage / Mit 36 Textabbildungen

Verlegt bei E. S. Mittler & Sohn
Berlin 1928

Vorwort zur ersten Auflage.

Unsere neue Reitvorschrift ist dadurch, daß sie auf allen reiterlichen Gebieten erschöpfend und auf wissenschaftlicher Grundlage fußend Auskunft gibt, doch so umfangreich ge= worden, daß das gründliche Studium aller ihrer Teile durch die Unteroffiziere kaum angängig ist. Es erschien daher er= wünscht, dem Unteroffizier ein kleines Hilfsbuch an die Hand zu geben, das ihm auf den Hauptgebieten seiner reiterlichen Tätigkeit ein Wegweiser ist und ihn mit den Hauptgrundsätzen der neuen Reitvorschrift bekannt macht.

Den beiden ersten Teilen, die den Unteroffizier als Reit= lehrer der Rekruten und als Remontereiter behandeln, wurde noch ein dritter Teil, Reitlehre, beigefügt, der mit möglichst genauer Anlehnung an die Reitvorschrift über Einzelheiten bezüglich der verschiedenen Lektionen Auskunft gibt.

In den beiden Anhängen sind noch einige formelle Sachen erläutert und sämtliche Kommandos zusammengestellt.

Wichtige Lehrsätze der Reitvorschrift wurden stets wörtlich angeführt. Ebenso erschien es dort, wo eine Kürzung kaum angängig erschien, wie z. B. bei der Reitausbildung der Rekruten und beim Einzelreiten, besser, den genauen Wortlaut der Reitvorschrift zu wählen.

Die Möglichkeit, auch die wichtigsten Abbildungen der Reitvorschrift beifügen zu können, wird hoffentlich dem schnellen Verständnis und dem Interesse an der Sache Vor= schub leisten.

Möchte das kleine, reiterliche Hilfsbuch eine freundliche Aufnahme bei den Unteroffizieren der berittenen Waffen finden und ihr reiterliches Verständnis und ihre Lust und Liebe für den Reitdienst dadurch gefördert werden.

B e r l i n , im November 1912.

Der Verfasser.

a*

Vorwort zur zweiten Auflage.

Seit Erscheinen der ersten Auflage sind 15 Jahre vergangen. In dieser Zeit hat die deutsche Reitvorschrift 1912, wenn auch durch die Kriegszeit zeitweise verzögert, sich in allen deutschen Reiterkreisen und darüber hinaus siegreich durchgesetzt. Sie gilt anerkanntermaßen als das beste moderne reiterliche Lehrbuch. Ihre im vorigen Jahr erschienene Neuauflage bringt, abgesehen von einigen Anhängen, nur unwesentliche Änderungen; sie hält an den in ihrer ersten Auflage niedergelegten Hauptgrundsätzen in jeder Beziehung fest. Auch die vorliegende zweite Auflage des kleinen reiterlichen Hilfsbuches fußt wiederum auf dieser bewährten Grundlage. Trotzdem mußten infolge der veränderten reiterlichen Verhältnisse in unserem Vaterlande einige Änderungen vorgenommen werden. In welcher Richtung sie sich bewegen, deutet schon der neue Titel an. Denn während die erste Auflage fast ausschließlich dem Unteroffizier der berittenen Truppen als Wegweiser für seine Tätigkeit als Reitlehrer und Remontereiter dienen sollte, muß die Neuauflage ihre Kreise weiter spannen. Sie wendet sich nicht mehr allein an den Unteroffizier, sondern will allen deutschen Reitlehrern und Reitern in Uniform und in Zivil, die sich mit der Reitausbildung und Dressur befassen, die vortrefflichen Lehren der Reitvorschrift näherbringen. Dies bedingte einerseits einige Zusätze, andererseits gewisse Einschränkungen bezüglich der namentlich an junge Reiter zu stellenden Anforderungen.

Die Einteilung des Stoffes blieb dieselbe wie in der ersten Auflage. Der erste Teil, der die Ausbildung junger Reiter behandelt, bringt nicht mehr den genauen Wortlaut der Reitvorschrift, sondern ist so gefaßt, daß auch die vielen Reitlehrer und jungen Reiter der Reitervereine und Reit= und Fahrschulen ihn als Leitfaden benutzen können.

In dem den Dressurgang des jungen Pferdes schildernden zweiten Teil blieb im allgemeinen der Wortlaut der ersten Auflage erhalten. Einige wichtige Lehren der Reitvorschrift,

die nach meinen Erfahrungen in der Praxis zu Mißver=
ständnissen Anlaß gegeben und die Dressurerfolge beein=
trächtigt haben, wurden nur noch genauer erläutert. Dies
gilt besonders bezüglich des Begriffes „Anlehnung in der
Tiefe".

Ebenso habe ich im dritten Teil, der Reitlehre, bei Beschrei=
bung einiger Übungen — dieser Ausdruck wurde von mir an
Stelle von Lektion gesetzt — Zusätze und Ergänzungen gemacht.
Ich folgte hierbei den Lehrern unseres großen Reitmeisters
Steinbrecht, auf dem ja auch die Reitvorschrift hauptsächlich
fußt. Soweit sich daraus, wie z. B. beim „Biegen", kleine
Abweichungen von der Reitvorschrift ergeben, habe ich aus=
drücklich darauf aufmerksam gemacht und auch deren Auf=
fassung wiedergegeben.

Da, wie schon erwähnt, das kleine reiterliche Hilfsbuch auch
allen jungen Reitern in Zivil gewidmet ist, wurden auch auf
einem Teil der Bilder solche Reiter dargestellt. Dabei habe
ich gleichzeitig einige Bilder der Reitvorschrift ersetzt, die
meiner Ansicht nach das Wesentliche, was sie darstellen sollten,
nicht einwandfrei wiedergeben. Durch Vermittlung der Ver=
lagsbuchhandlung war es möglich, hierzu den gleichen Künstler
heranzuziehen, der auch die anderen, der Reitvorschrift ent=
nommenen Bilder gezeichnet hat. Ihm sei an dieser Stelle
für seine freundliche Unterstützung herzlichst gedankt. Dabei
möchte ich darauf hinweisen, daß die Bilder keine vollendeten
Kunstwerke sein sollen, sondern nur Skizzen, auf denen vor
allem das rein Reiterliche klar zum Ausdruck kommt.

Wenn ich hiermit die zweite Auflage als mein reiterliches
Glaubensbekenntnis der Öffentlichkeit übergebe, so geschieht
es mit dem Wunsche, daß die junge deutsche Reiterwelt in
Uniform und Zivil davon Nutzen hat, und die Liebe zur Reit=
kunst dadurch gefördert werden möge.

Herbst 1927.

Der Verfasser.

Inhaltsverzeichnis.

Erster Teil.
Der Reitlehrer junger Reiter.

Zweiter Teil.
Der Bereiter.

Dritter Teil.
Reitlehre.

Anhang I.

Anhang II.

Verzeichnis der Abbildungen.

Erster Teil.
Der Reitlehrer junger Reiter.

1. Allgemeines.

Anforderungen an den Reitlehrer. Erfolg oder Mißerfolg in der Reitausbildung hängen außer von der Rittigkeit der Pferde in erster Linie von der Persönlichkeit und dem reiter= lichen Können des Lehrers ab. Nur ein Lehrer, der die Durch= führbarkeit seiner Anforderungen selbst im Sattel beweisen kann, wird das unbedingte Vertrauen seiner Schüler besitzen. Er muß mit Gang und Ziel der Reiterausbildung völlig ver= traut sein und Zweck, Aufbau und inneren Zusammenhang der dabei anzuwendenden Übungen*) sowie die bei ihrer Aus= führung auftretenden Schwierigkeiten und am häufigsten vor= kommenden Fehler kennen. Auch sollte er die die Ausbildung unterstützenden Hilfsmittel, wie Beinahmezügel und Longe, richtig anzuwenden verstehen.

Ausbildungsgang und Lehrplan. Beim Reitunterricht junger Reiter werden sich Ausbildungsgang und Lehrplan je nach der Rittigkeit der Pferde und dem zur Verfügung stehenden Zeitraum verschieden gestalten. In der militäri= schen Rekrutenausbildung muß das in der Reitvorschrift auf= gestellte Ziel, daß die Rekruten im Frühjahr als fertig aus= gebildete Reiter in die Truppe eingestellt werden können, er= reicht werden. Es stehen aber hierzu gerittene Pferde und etwa sechs Monate Ausbildungszeit zur Verfügung. Bei Reit= und Fahrschulen, Reitervereinen und anderen Reitlehr= gängen muß man seine Anforderungen meist herabmindern. Das Hauptziel bleibt, daß der junge Reiter richtig sitzen lernt, denn im richtigen Sitz liegt auch die richtige Ein= wirkung.

Bei Reitervereinen verzichte man auf die gesamte Aus= bildung auf Kandare (s. Zf. 6) und begnüge sich damit, wenn

---

*) „Übung" wird an Stelle des in der R. V. angewandten Ausdrucks „Lektion" gesetzt.

die Reiter einzeln ihre Pferde auf Trenſe beherrſchen. Für alle anderen reiterlichen Lehrgänge iſt auch bei Wahl der Zäumung die Rittigkeit der Pferde maßgebend. **Man hüte ſich davor, ungerittene und undurch= läſſige Pferde durch Zäumung auf Kandare in eine gewiſſe Haltung bringen zu wollen.**

Einteilung der Unterrichtsſtunde. „Jeder Unterrichts= ſtunde muß eine vorher durchdachte Zeiteinteilung zugrunde gelegt werden" (R. V. S. 4). Dies darf den Reitlehrer aber nicht hindern, bei auftretenden Schwierigkeiten von der vor= her geplanten Einteilung der Reitſtunde bewußt abzuweichen. Die Übungen ſollen ſich in ſachgemäßer Weiſe folgen und vom Leichteren zum Schwereren fortſchreiten. Es iſt aber nicht möglich, alle dem Ausbildungsgrad entſprechenden Übungen täglich durchzunehmen. Sie ſind zweckentſprechend auf mehrere Tage zu verteilen.

„**Im Anfang der Stunde ſind die Pferde zur Losgelaſſenheit zu bringen.**" (R. V. S. 4 und 5.) Namentlich nach vorhergegangenen Ruhetagen muß man zu dieſem Zweck anfangs freiere Gänge mit etwas längeren Zügeln reiten laſſen. Auch empfiehlt es ſich, während des Unterrichts immer wieder einmal die Zügel hingeben zu laſſen, um ſich zu überzeugen, ob die Pferde in Selbſthaltung gehen. Bei längerem Schrittreiten iſt dies die Regel.

Man reihe nicht viele ſchwierige Übungen aneinander und dehne dieſe, namentlich in der erſten Zeit der Ausbildung, nicht zu lang aus. Öfteres Einlegen von Ruhepauſen iſt zur Schonung der jungen Reiter erforderlich.

Einzelarbeit und Reiten in der Abteilung müſſen mit= einander abwechſeln. Auch der junge Reiter muß baldmög= lichſt dazu erzogen werden, ſein Pferd allein zu reiten. Er lernt es auf dieſe Weiſe am beſten beherrſchen.

Der Reitlehrer muß dieſe **Einzelarbeit** ſorgfältig überwachen und verhindern, daß die Reiter ſich vorherrſchend in kurzen Gängen bewegen und die ihnen bequemſten Übungen reiten. Ihnen iſt von Anfang an klar zu machen, daß das auf das Durcheinanderreiten unmittelbar folgende Reiten in der Abteilung den Prüfſtein bildet, ob die Einzel= arbeit richtig war.

Beim Reiten in der Abteilung ist darauf zu achten, daß alle Reiter das gleiche Gangmaß (Tempo) und genaue Hufschlagslinien reiten. Das Halten der befohlenen Abstände, das schließlich gefordert werden muß, ergibt sich von selbst, sobald alle Reiter ihre Pferde im Gangmaß vollständig beherrschen.

Jedes Einleiern von Übungen ist zu vermeiden. Daher dürfen diese nicht immer an derselben Stelle und in der gleichen Reihenfolge geritten werden.

Über dem Streben, viel zu leisten und die zur Verfügung stehende Zeit voll auszunutzen, darf die Pferdeschonung nicht außer acht gelassen werden. Die letzten Minuten ist grundsätzlich Schritt zu reiten.

Aufstellung des Reitlehrers. Der Reitlehrer muß sich grundsätzlich so aufstellen, daß er einen möglichst großen Teil der Abteilung übersieht. Er steht daher am besten an einer kurzen Seite, im Freien außerhalb des Vierecks, beim Reiten auf Zirkeln außerhalb derselben in der Nähe einer langen Seite. Das Geradeausreiten, z. B. beim Wechseln durch die Bahn, prüft der Lehrer, indem er sich in der Verlängerung der Hufschlaglinie aufstellt. Die Aufstellung einer Abteilung prüft er zunächst von vorn und überzeugt sich dabei von dem senkrechten Stehen der Pferde zur Grundlinie und richtiger Fühlung (Zwischenraum). Demnächst erfolgt erst die Prüfung der Seitenrichtung. Das Wechseln durch die Bahn und das Entwickeln von Übungen von der Spitze (Tete) ab läßt er auf sich, bei Besichtigungen auf den Vorgesetzten zu ausführen.

Zu Beginn und am Schluß einer Besichtigung steht der Reitlehrer einen Schritt rechts (links) seitwärts der Abteilung in Höhe der Reiter. Nachdem er das Kommando zum Abreiten vor der Mitte der Abteilung mit der Front dorthin gegeben hat, hält er sich in der Nähe des Besichtigenden auf.

Lehrart. „Beim Reitunterricht sind nur kurze, schlagwortartige Anweisungen am Platz." (R. V. S. 7.) Sie müssen dem geistigen Fassungsvermögen der Reiter angepaßt sein. Fremdworte sind möglichst zu vermeiden oder vorher zu erklären. Am besten geschieht dies im Unterricht, der gelegentlich in der Reitbahn unter Zuhilfenahme eines gesattelten und gezäumten Pferdes erfolgen kann.

Ohne die Abteilung ganz aus dem Auge zu verlieren, prüft der Reitlehrer jeden an ihm vorüberkommenden Reiter und ruft, bevor er ihn erforderlichenfalls in seinem Sitz berichtigt, zunächst laut den Namen des Reiters. Er darf sich erst mit einem anderen Schüler beschäftigen, wenn er sich von der Ausführung seiner Anweisungen überzeugt hat.

Neue und schwierige Übungen werden am besten zuerst mit dem einzelnen Reiter durchgenommen. Sehr vorteilhaft ist es, wenn der Reitlehrer, ein Hilfslehrer oder älterer Reiter die neue Übung vormacht und hierbei auch gleich die dabei vorkommenden Fehler und ihre Abstellung zeigt.

Um an die bei bestimmten Fällen sich wiederholenden Fehler zu erinnern und ihnen vorzubeugen, kann auch eine Belehrung der ganzen Abteilung stattfinden. Sind dabei ausnahmsweise längere Erklärungen notwendig, so läßt der Reitlehrer halten oder versammelt seine Schüler, auch abgesessen, um sich.

Pferde. Am schnellsten kann ein Anfänger auf einem durchlässigen, in guter Haltung schwunghaft gehenden Pferde zu einem richtig sitzenden und gefühlvollen Reiter ausgebildet werden. Der Reitlehrer muß daher dauernd bestrebt sein, die Pferde seiner Reitabteilung in eine gute Reitform zu bringen und darin zu erhalten.

Es ist vorteilhaft, wenn der Reitlehrer, möglichst schon vor Beginn der Ausbildung, alle Pferde seiner Abteilung selbst geritten hat. Auf diese Weise gewinnt er Einblick bezüglich der Rittigkeit der einzelnen Pferde und der dem einen oder anderen anhaftenden reiterlichen Schwierigkeiten. Werden die Pferde anfangs auf Trense mit Ausbindezügeln geritten, so erprobe man auch gleichzeitig, welches Maß von Einstellung erforderlich ist, um jedes Pferd in eine gewisse Haltung und zu federnder Rückentätigkeit zu bringen. Wo irgend möglich, sollte von dieser in der militärischen Rekrutenausbildung üblichen und auch hier geschilderten Ausbildungsweise Gebrauch gemacht werden. Auf Reit= und Fahrschulen wird sich dies leicht durchführen lassen, bei Reitervereinen, die oft sehr verschiedenes Pferdematerial, teils ältere, steife Arbeitspferde, teils junge, ungerittene Pferde verwenden, müssen vorbereitende Übungen vorangehen, bevor man die Pferde unter den jungen Reitern ausgebunden gehen läßt.

Hierzu genügen wenige Reitstunden unter älteren Reitern. Dabei ist anzustreben, daß die Pferde zum Schluß ausgebunden, auch bei geknoteten Zügeln, ruhig hintereinander hergehen. Gerade bei solchen nicht durchgerittenen Pferden dürfen aber die Beinahmezügel unter keinen Umständen zu kurz geschnallt werden; sie sollen nur ganz mäßig anstehen.

Zeigen sich im Laufe der Ausbildung bei den Pferden Mängel bezüglich der Haltung, so suche der Reitlehrer durch Vor- oder Nacharbeit zu helfen. Längeres Besteigen eines Pferdes während des Unterrichts empfiehlt sich nicht, weil dadurch die Übersicht über die anderen Reiter verloren geht. Kurze Vorarbeit an der Longe kann von großem Nutzen sein. Ebenso werden auch schwach veranlagte oder zurückgebliebene Reiter am besten auf einem an der Longe gehenden Pferde durch einen Hilfslehrer nachgefördert. Dieses muß vorher richtig einlongiert sein.

Zusammenstellung von Reiter und Pferd. Die Kenntnis der Rittigkeit und der besonderen Eigenschaften der einzelnen Pferde wird dem Reitlehrer eine zweckentsprechende Zusammenstellung von Reiter und Pferd erleichtern. Bau, Art der Bewegung, Dressurgrad und Eigenart der Pferde beeinflussen den Sitz in hohem Maße. Der Reitlehrer muß es verstehen, baldmöglichst für jeden Reiter das passendste Pferd herauszufinden. Das schließt nicht aus, daß zur Erhöhung der Reitfertigkeit für einzelne Stunden ein Wechsel vorgenommen wird. Auch wenn die Reiter, wie bei Reitervereinen, ihre eigenen Pferde reiten, sollte im Bedarfsfalle ein solcher Wechsel vorübergehend eintreten.

Sattelung und Zäumung. Vor Beginn des Reitunterrichts muß der Reitlehrer Sattelung und Zäumung der Pferde genau prüfen.

Nur auf einem gut gebauten und richtig liegenden Sattel kann der Reiter sitzen und einwirken lernen.

Der tiefste Punkt der Sitzfläche muß in der Mitte des Sattels liegen. Liegt er weiter zurück, so gleitet das Gesäß beim Reiten nach hinten heraus und Oberschenkel und Knie steigen (Stuhlsitz). Liegt der tiefste Punkt weiter vorwärts, so kommt der Reiter zu weit nach vorn und es entsteht ein stehender Sitz (Spaltsitz).

Auf einem Sattel, der zu weit nach vorn oder zu weit nach hinten liegt, wird es dem Reiter unmöglich gemacht, seinen Schwerpunkt mit dem des Pferdes zu vereinigen.

Bezüglich der Zäumung ist beim Reiten auf Trense mit Reithalfter namentlich die Lage des Nasenriemens, beim Reiten auf Kandare das Einlegen der Kinnkette zu überwachen. Wird in der ersten Zeit der Ausbildung mit Ausbindezügeln geritten, so ist das Maß der Einstellung täglich zu prüfen.

Gute und schlechte Zäumung haben weitgehenden Einfluß auf die Willigkeit der Pferde. (R. V. S. 20.)

Anzug der Reiter. Besonderer Wert ist auf gut passende Kleidungsstücke zu legen, da unbequemer Sitz derselben den Reiter steif macht. Nicht passende, namentlich überm Knie zu enge Hosen veranlassen falsche Schenkelhaltung, zu weite Hosen, die Falten schlagen, scheuern. Steife Stiefelschäfte behindern die Schenkeleinwirkung.

Erziehung und Behandlung der Schüler. Der Reitlehrer muß bestrebt sein, seine jungen Reiter zur Aufmerksamkeit zu erziehen und ihre Selbständigkeit zu fördern. Er benutze daher zunächst die Schrittpausen dazu, sich mit ihnen zu unterhalten und ihr reiterliches Verständnis zu wecken. In der militärischen Rekrutenausbildung können die Ruhepausen auf diese Weise auch sehr gut zur Vorbereitung der Reiter für ihre Verwendung im Meldedienst ausgenutzt werden. Später stelle der Reitlehrer, auch in freieren Gängen, Fragen an die Reiter und lehre sie auf diese Weise, unabhängig von der Bewegung des Pferdes, aufmerksam zu bleiben und laut zu sprechen.

Von Anfang an muß jedem jungen Reiter klar gemacht werden, daß sorgsame Pflege und gute Behandlung sowie jede erlaubte Schonung des Pferdes für ihn selbst von Vorteil sind.

Der Gesundheitszustand der Schüler ist sorgfältig zu überwachen. Wundreiten, Unfälle und Erkältungen müssen durch Fürsorge, Belehrung und richtiges Maßhalten in den Anforderungen vermieden werden.

Der junge Reiter ist meist willig und wird bei ruhiger, wohlwollender Behandlung und verständnisvoller Belehrung mit wenigen Ausnahmen alles Erforderliche leisten.

Einer gut ausgebildeten Reitabteilung muß man die Freude am Reiten an den Augen ansehen.

Der Reitlehrer bewahre stets seine Ruhe und bedenke, daß unbefriedigende Leistungen meist ihren Grund in Unvermögen und Unkenntnis haben.

Er muß es als seine Hauptaufgabe betrachten, bei seinen Schülern reiterlichen Ehrgeiz und reiterliches Selbstvertrauen sowie Lust und Liebe für den Reitdienst zu wecken.

2. Erster Unterricht zur Erlangung des Sitzes.

(R. V. S. 209—211.)

Es kommt in der ersten Zeit nur darauf an, daß der junge Reiter das Gleichgewicht auf dem Pferde erlangt und sich nicht steifmacht. Er soll vor allem Vertrauen zum Pferde gewinnen. Damit ihm dies nicht durch Herunterfallen genommen wird, ist ihm anfänglich vorübergehendes Festhalten an Mähne oder Sattel zu gestatten. Auch empfiehlt es sich, die ersten Tage mit Bügeln reiten zu lassen, die ungeschickten und unsicher sitzenden Reitern die Gewinnung des Gleichgewichts erleichtern.

Ein ungezwungener Sitz wird am besten dadurch erreicht, daß man den Reiter ganz natürlich sitzen läßt und nur darauf hält, daß er sich breit auf das Gesäß niederläßt. Die Beine sollen aus dem losgelassenen Hüftgelenk ganz natürlich herunterhängen.

Grundfalsch ist es, einen Anfänger von vornherein in die Form des vorschriftsmäßigen Sitzes pressen zu wollen. Erst völlige Losgelassenheit — dann vorschriftsmäßige Körperhaltung! Das gilt auch für die militärische Rekrutenausbildung.

Nächst dem Ruhen auf dem vorgeschobenen, breiten Gesäß ist vor allen Dingen auf richtige Haltung der Rückenwirbelsäule zu achten. Es hält bei manchen Schülern sehr schwer, die richtige Mitte zwischen den beiden Gegensätzen, dem zu stark gekrümmten und dem zu stark angezogenen Rücken, zu finden. Um diese grundlegenden Fehler zu beseitigen, lasse man die entgegengesetzte Haltung des Rückgrates in übertriebener Weise üben. Nur so werden solche Reiter sich nach und nach die natürliche, gerade Körperhaltung an- eignen.

Demnächst wird die Lage der Oberschenkel bei tiefem, flachem Knie und die der Unterschenkel geregelt. Man dulde keine hochgezogenen Knie, zwinge den jungen Reiter aber auch nicht dazu, die Beine unnatürlich lang zu machen, son- dern bringe ihm baldmöglichst eine Schenkellage bei, in der er auch mit den Unterschenkeln weiche Fühlung mit dem Pferdeleibe gewinnt. Die Fußspitzen werden von Anfang an leicht angehoben.

Zunächst läßt man nur im Rühren reiten. Mit dem Reiten im Stillgesessen kann erst begonnen werden, wenn völlige Losgelassenheit erreicht ist. Doch muß man auch weiterhin viel im Rühren reiten lassen.

Zum Reitunterricht wird die Abteilung geöffnet auf- gestellt. Die Trensenzügel werden über dem Pferdehals ge- knotet.

Demnächst ordnet sich die Abteilung im Schritt, wenn nötig zuerst hinter einem ausgebildeten Tetenreiter, auf der ganzen Bahn mit 1—2 Schritt Abstand. Sobald die Pferde ruhig hintereinander hergehen, wird in einem gemäßigten Gangmaß angetrabt. Die Reiter sind anzuweisen, ihrem Vordermann in den Nacken zu sehen und sich bei allen Wen- dungen etwas nach innen zu setzen. Damit sie bei der unge- wohnten Tätigkeit nicht zu sehr ermüden und sich nicht durch- reiten, darf man anfänglich nicht zu lange traben lassen. Auch ist ihnen durch Haltenlassen Gelegenheit zu geben, sich wieder zurecht zu setzen, wobei der Lehrer unter Umständen an ein- zelne Reiter herantritt und ihnen zeigt, welche Sitzfehler sie machen und wie sie diese abstellen sollen.

Die Erhaltung des Gleichgewichts und das Vorschieben der Hüften sind am leichtesten im Galopp zu erlernen. Der Zeitpunkt, wann mit dem Galoppieren angefangen werden kann, hängt jedoch vom Pferdematerial und seiner Rittigkeit ab. Wo, wie bei der militärischen Rekrutenausbildung, ge- rittene Pferde zur Verfügung stehen, beginnt man baldmög- lichst damit. Andernfalls muß man sich damit gedulden oder nur mit den dazu geeigneten Pferden galoppieren. Von großem Nutzen kann dabei das einzelne Eingaloppieren der

Pferde an der Longe sein. Der Galopp wird mit gerittenen Pferden anfänglich am leichtesten auf einem großen Zirkel und aus dem Schritt entwickelt. Als Hilfe zum Angaloppieren genügt Verlegung des Gewichtes auf den inwendigen Gesäß= knochen und Klopfen mit dem inwendigen Unterschenkel bei zurückgenommenem äußeren. Auch kann der Reiter bei faulen Pferden eine Gerte gebrauchen oder mit der Zunge schnalzen. Der Reitlehrer muß beim Galoppieren auf völlige Losgelassenheit und gutes weiches Mitgehen halten, da Steif= heit oder Festklemmen mit Knie und Schenkel den Reiter verhindert, mit dem Gesäß am Sattel zu bleiben, der wich= tigsten Forderung auch im Galopp. Galoppiert ein Pferd falsch, so benutze man die Gelegenheit, den Reiter darüber zu belehren, wie sich ihm dies unter dem Gesäß bemerkbar macht.

Mit den Reitübungen sind von vornherein Freiübungen*) zu verbinden und während der ganzen Ausbildung fortzu= setzen. Freiübungen müssen möglichst auch außerhalb der Reitstunden, und zwar wenn angängig im Reitsitz auf dem Bock (Übungspferd) oder auf Tonnen vorgenommen werden. In der militärischen Ausbildung fördern Lanzendeckungen die für einen schmiegsamen Sitz notwendige Losgelassenheit in den Hüften.

3. Erlernung der Zügelführung.

(R. V. S. 211.)

Man gibt dem jungen Reiter die Zügel möglichst erst in die Hand, wenn er sich einen völlig gefestigten Sitz angeeignet hat. Anfänglich läßt man ihn auf dem ausgebundenen Pferde die Hände bei noch herunterhängenden Zügeln richtig hin= stellen und achtet darauf, daß sie ganz ruhig stehen. Dazu kann man ihm unter Umständen gestatten, mit den kleinen Fingern Fühlung an der Satteldecke zu nehmen und die Unterarme gleichsam weich in den Schoß zu legen. Mit diesen Übungen ist vorteilhaftester Weise schon im ersten Ausbildungsabschnitt zu beginnen. Hat der Reiter gelernt, mit seinen Händen weich in die Bewegung mitzugehen, so

---

*) Für die militärische Rekrutenausbildung gelten die darüber im Anhang III der R. V. und in der Vorschrift für Leibesübungen gegebenen Bestimmungen.

läßt man die Zügel nach und nach so weit verkürzen, daß sie zum Anstehen kommen.

Um dem Reiter eine richtige Vorstellung von dem Maß der Anlehnung zu geben, mit der das Pferd am Zügel stehen soll, faßt der Lehrer im Halten die Zügel dicht am Gebiß an und wirkt auf die Zügelhand des Reiters ebenso ein, wie es das Pferd bei richtiger Anlehnung am Mundstück tut. Hat der junge Reiter Verständnis und Gefühl für richtige Anlehnung erlangt, so muß allmählich auch die vorgeschriebene Haltung von Arm und Hand gefordert werden. Nur eine richtig geformte und senkrecht getragene Hand bietet Gewähr für gute Zügelführung.

4. Erlernung der Hilfen.

(R. V. S. 211—214.)

Ist in allen Gangarten ein sicherer und losgelassener Sitz erreicht und Verständnis für richtige Zügelführung gewonnen, so muß der Reiter lernen, auch auf sein Pferd einzuwirken und es in Gang und Haltung zu beherrschen; die Ausbindezügel müssen nach und nach in Fortfall kommen können.

Von Anfang an ist zu betonen, daß den Schenkel= und Gewichtshilfen eine wichtigere Rolle zufällt als den Zügelhilfen. Deshalb muß der Reiter zunächst die vortreibenden Hilfen erlernen. Dazu dienen: Anreiten, Antraben, Angaloppieren und Verstärken dieser Gangarten bis zum Mitteltrab und Mittelgalopp.

Durch Übergang zu den kürzeren Gangmaßen und Gangarten erlernt er dann die verhaltenden Hilfen (Paraden). Bei Einübung der Paraden ist dem Reiter klar zu machen, daß sie nicht durch Rückwärtswirken der Hände, sondern durch festeres Schließen derselben (durchhaltende Zügelhilfe) und Heranspannen des Kreuzes bei gleichzeitig vortreibenden Schenkeln auszuführen sind.

Hat der Reiter so das Zusammenwirken der vortreibenden und verhaltenden Hilfen erlernt, so muß er nunmehr auch das befohlene Gangmaß und damit seinen Platz in der Ab=

teilung einhalten können. Dabei ist schon jetzt darauf zu achten, daß alle Reiter die befohlene Gangart sofort und gleichzeitig ohne Rücksicht auf den Abstand aufnehmen. Auch sind sie darüber zu belehren, daß zu groß oder zu klein gewordene Abstände nicht durch Änderung des Gangmaßes, sondern durch Abrunden oder tieferes Ausreiten der Ecken berichtigt werden müssen.

Das Gefühl für richtiges Gangmaß muß den jungen Reitern durch häufiges Verstärken und Verkürzen desselben anerzogen werden.

Die Anwendung des seitwärts treibenden und des verwahrenden Schenkels erlernt der Reiter, indem man ihn, am besten einzeln, in der **Wendung auf der Vorhand** und im **Schenkelweichen**, aber nur im Schritt, unterweist.

Wendungen im Gange werden zunächst dadurch gelehrt, daß man genaueres Durchreiten der Ecken verlangt.

Abgekürzter Trab in richtiger Versammlung kann von jungen Reitern nicht gefordert werden. Stehen durchgerittene Pferde nicht zur Verfügung, so verzichte man ganz auf den abgekürzten Trab und begnüge sich damit, den Arbeitstrab etwas zu versammeln. Auch das darf jedoch nur kurze Zeit und im häufigen Wechsel mit Mitteltrab erfolgen.

Ist Übereinstimmung zwischen Schenkeln und Zügeln erreicht, so muß vom jungen Reiter verlangt werden, daß er bei der ersten Aufstellung in der Bahn sein Pferd richtig hinstellt und Abbrechen und Aufmarschieren vorschriftsmäßig ausführt. Durch richtiges Hinstellen des Pferdes lernt der Reiter seine Hilfen nach der Empfindlichkeit des Pferdes abstimmen, also fühlen.

Nunmehr ist zu fordern, daß alle Hufschlaglinien, also die der ganzen und halben Bahn, des Zirkels sowie die Wechslungs- und Schlangenlinien möglichst genau eingehalten werde. Dies zwingt den Reiter zu vermehrter Schenkeltätigkeit und lehrt ihn, Sitz und Gewichtsverteilung zu wechseln. Beim Reiten auf dem Zirkel erklärt man ihm, daß er sein Gewicht etwas nach innen verlegen und dauernd wenden muß. Ebenso ist er in der Anwendung der erweiternden und verengenden Hilfen zu unterweisen.

Sobald der Reiter zum genaueren Einhalten der Zirkel=
linie befähigt ist, kann das Reiten in Stellung geübt
werden. Dadurch lernt er sein Pferd zum Galopp vor=
bereiten und engere Wendungen besser ausführen. Man
belehre ihn, daß „Stellung" nicht nur Kopfstellung, sondern
Längsbiegung des ganzen Pferdes bedeutet und daß sie daher
nicht mit der Hand allein zu erzielen ist, sondern daß
Schenkel= und Gewichtshilfen entscheidend mitzuwirken haben.
Besonders wichtig sind diese Hilfen, wenn Fußwechsel im
Galopp geübt werden soll.

Im ersten Ausbildungsabschnitt war der Galopp
lediglich Sitzübung und die Art seiner Entwicklung neben=
sächlich. Jetzt muß der Reiter lernen, mit richtigen Hilfen
aus dem Schritt und Trabe anzugaloppieren, im Galopp ein=
zuwirken und aus dem Galopp wieder zum Schritt und Trab
überzugehen. Auch hier muß eingehende Einzelbelehrung
über Anwendung und Wirkung der Hilfen vorangehen. Die
Hauptfehler, Ziehen am Zügel, Hintenüberneigen und Ver=
drehen des Oberkörpers nach außen, Klappen des Gesäßes
sind zu bekämpfen. Durch häufige Galoppentwicklung wird
die Geschicklichkeit der Reiter in der Einwirkung mehr ge=
fördert als durch langes Galoppieren.

Ein falsch galoppierendes Pferd muß nach vorwärts
durchpariert und erneut so in den Galopp gesetzt werden, daß
der Hintermann nicht behindert wird. Am zweckmäßigsten
benutzt man dazu eine Ecke, weil sich auf ihrer gebogenen
Hufschlaglinie die erforderliche Galoppstellung am leichtesten
gewinnen läßt. Bleibt dies Verfahren erfolglos, so muß
der Reiter vor der Ecke zur kurzen Wand .in flachem Bogen
in die Bahn wenden, durchparieren, das Pferd geraderichten
und dann so angaloppieren, daß er seinen Platz nach der
zweiten Ecke wieder erreicht. Entsprechend ist zu verfahren,
wenn in einer trabenden Abteilung ein galoppierendes Pferd
in den Trab überführt werden soll.

5. Reiten mit Bügeln.

(R. V. S. 214.)

Zur Erlangung eines schmiegsamen, einwirkungsvollen
und sicheren Sitzes muß man möglichst lange, mindestens aber

sechs Wochen, ohne Bügel reiten lassen. Es ist jedoch von Anfang an gestattet, dem Reiter zu Beginn oder am Ende des täglichen Reitunterrichts für kurze Zeit die Bügel zu geben, damit er so die Bügelhaltung spielend erlernt.

Jeder junge Reiter neigt anfänglich dazu, die ihm ungewohnten Bügel unter Aufgabe des richtigen Sitzes durch Herunterdrücken der Fußspitze zu halten. Daher ist die Anweisung nützlich, nicht auf die Bügel zu achten und die bisher erlernte Schenkellage nicht zu ändern, sondern nur das Fußgelenk loszulassen. Der Bügel erhält seine richtige Lage dann von selbst. Um den ohne Bügel erlangten Sitz zu erhalten, ist es geboten, auch später immer wieder einige Zeit ohne Bügel reiten zu lassen.

6. Reiten auf Kandare.*)

(R. V. S. 215—217.)

Bevor mit dem Reiten auf Kandare begonnen werden kann, sind die Reiter, und zwar am Pferde, über Lage und Hebelwirkung der Kandare, Halten der Zügel, Fehler unrichtiger und unsteter Handstellung eingehend zu belehren.

Zunächst läßt der Reitlehrer bei leicht anstehenden Kandarenzügeln nur mit angefaßter Trense reiten. Es ist vor allem Wert darauf zu legen, das Pferd durch treibende Hilfen und freie Gänge auf gerader Linie und auf dem Zirkel an die Kandare heranzureiten. Nur allmählich darf man von diesen einfachen Übungen zu den schwierigeren übergehen. Bei allen Wendungen haben die Reiter sich zu überzeugen, daß der auswendige Kandarenzügel dem Pferde gestattet, in die Wendung einzugehen, und dies gegebenenfalls durch Verlängern des betreffenden Zügels sicherzustellen. Beim Stellungswechsel sind die Zügel selbständig neu zu ordnen. Nach und nach geht man beim Reiten freierer Gänge zur Führung mit einer Hand über, wobei in der Regel die Trensenzügel durchgezogen werden. Vorübergehendes Reiten auf Kandare mit losgelassener Trense läßt in seiner Wirkung auf Haltung und Gang des Pferdes erkennen, ob der Reiter

---

*) In der militärischen Rekrutenausbildung müssen die jungen Reiter spätestens Mitte Januar so weit gefördert sein, daß mit dem Reiten auf Kandare begonnen werden kann. Im übrigen s. S. 1.

unabhängig vom Zügel sitzen gelernt hat. Er ist dazu zu
erziehen, stets selbständig die Trense zu Hilfe zu nehmen oder
mit der rechten Hand zuzugreifen, wenn Mängel in Haltung,
Stellung und Nachgiebigkeit seines Pferdes es erfordern.

Leichttraben, auch auf einem bestimmten Hinter=
fuß und mit Fußwechsel, ist gründlich zu üben. Es fördert
nebenbei die Losgelassenheit des Sitzes und das Reitergefühl.

Hat der Reiter gelernt, durch Zusammenwirken von vor=
treibenden und verhaltenden Hilfen sein Pferd etwas zu ver=
sammeln, so kann man ihn im Rückwärtsrichten unter=
richten.

In der militärischen Rekrutenausbildung werden ferner
noch abgekürzter Galopp, Kontergalopp und
Kurzkehrtwendung verlangt. Die Anwendung dieser
schwierigen Übungen wird jedoch nur dann für junge Reiter
von Nutzen sein, wenn wirklich durchgerittene Pferde und aus=
reichende Zeit zur Verfügung stehen.

Beim Rückwärtsrichten ist besonders darauf zu
halten, daß der Reiter den Oberkörper nicht zurücklegt und
nicht nur mit den Händen einwirkt.

Für den abgekürzten Galopp gelten die beim
abgekürzten Trabe aufgestellten Grundsätze. Außerdem muß
die Versammlung des Galopps zunächst einzeln durch häufiges
Angaloppieren aus dem Schritt erstrebt werden. Fällt ein
Pferd dabei gegen den Willen des Reiters in Trab, so ist es
sofort zum Schritt durchzuparieren und der abgekürzte Galopp
von neuem zu entwickeln.

Beim Angaloppieren macht der junge Reiter häufig den
Fehler, daß er nicht rechtzeitig mit den Händen nachgibt, um
den Galoppsprung herauszulassen.

Kontergalopp darf nur geritten werden, wenn der
abgekürzte Galopp befestigt ist.

Die Kurzkehrtwendung übe man mit jungen
Reitern zunächst nur aus dem Schritt. Als Vorübung dient
die Wendung auf der Hinterhand.

Auf weiche Ausführung der Paraden muß mit Rück=
sicht auf die Schonung der Pferdebeine, namentlich bei Füh=
rung auf Kandare, besonders geachtet werden. Der Reiter
hat von Anfang an zu lernen, daß jede Parade durch
Schenkel= und Gewichtshilfen zu unterstützen ist. Ihm ist

beim Einüben derselben Zeit zu lassen, damit er sein Pferd allmählich ausparieren kann.

Auf größeren Reitplätzen kann gegen Ende der Ausbildung zum Verstärken des Mittelgalopps übergegangen werden. Das stärkere Gangmaß darf nicht durch plötzliches Hineinstoßen erstrebt, sondern muß allmählich entwickelt werden.

Seitengänge sind mit jungen Reitern nicht zu reiten und auch in der militärischen Rekrutenausbildung verboten.

7. Springen.
(R. V. S. 217—218.)

Mit dem Springen beginne man möglichst bald und übe es täglich. Anfangs geht die Abteilung im Schritt über die am Boden liegende Stange, später ist die Stange höher zu legen; außerdem sind auch andere kleine Hindernisse einzeln und in der Abteilung in allen Gangarten zu überwinden. Wo Springgärten vorhanden sind, sind sie fleißig zu benutzen. Es wird zunächst ohne Zügel gesprungen; Ausbindezügel sind vorher zu lösen. Festhalten an Mähne oder Vorderzeug ist zu gestatten, Neigen des Oberkörpers nach vorn geboten. Hierdurch lernt der junge Reiter von Anfang an mit dem Oberkörper in die Bewegung des Pferdes mitgehen und verliert nicht den Sitz.

Hat der Reiter ohne Bügel und Zügel im Sprunge sitzen und mitgehen gelernt, so übt man das Springen mit Bügeln und Zügeln. Hierbei ist darauf zu halten, daß die Unterschenkel unbedingt am Pferde bleiben, und die Hände in tiefer Stellung unter Mitgehen des ganzen Armes nach vorn die nötige Zügelfreiheit gewähren, damit sich das Pferd im Sprunge strecken kann.

Beim Einzelspringen achte man von vornherein darauf, daß nach dem Sprunge geradeaus weiter geritten wird.

Am Schluß der militärischen Rekrutenausbildung läßt man auch mehrere Reiter nebeneinander mit und ohne Zwischenräume springen. Über Springen mit Lanze f. R. V. S. 218.

Wo irgend möglich, sind auch Spring- und Kletterübungen im Gelände abzuhalten.

8. Einzelreiten.

(R. V. S. 218.)

Das Einzelreiten ist ein vorzüglicher Prüfstein für den erreichten Ausbildungs= grad. Der junge Reiter soll durch vieles Einzelreiten zur Selbständigkeit und gefühlvoller, sicherer Einwirkung erzogen werden, damit er sein Pferd unter allen Umständen be= herrschen und im unbedingten Gehorsam erhalten kann. Um die Aufmerksamkeit zu wecken, können mit dem Einzelreiten besondere Übungen verbunden werden. Namentlich in der militärischen Ausbildung sind die Rekruten darin zu üben, sich schnell zu ordnen, nach verschiedenen Fronten zu sam= meln und schnell auf= und abzusitzen, ohne die Pferde dabei zu stören. Auch können kleine Aufträge erteilt werden, die das Denkvermögen in Anspruch nehmen.

Möglichste Abwechslung ist auch beim Einzelreiten geboten.

Mit fortschreitender Ausbildung muß immer mehr das Bestreben des Reiters hervortreten, Fehler des Pferdes in Gang und Haltung durch entsprechende Hilfen selbständig zu verbessern.

9. Besondere Übungen.

(R. V. S. 218—219.)

a) Genaues Geradeausreiten aus der Abteilung heraus im befohlenen Gangmaß auf einen bestimmten Punkt zu.

Der Reiter muß hierbei, nachdem er im Schritt aus der Abteilung herausgeritten ist, zunächst sein Pferd in die angegebene Richtung wenden und es erst dann in die befohlene Gangart setzen. Stärkere Gangarten sind all= mählich zu entwickeln, da sonst meist das Geradeaus= reiten mißglückt und das Pferd zum Kleben veranlaßt wird..

Auch diese Übungen sind mit der Erfüllung von kleinen Aufträgen zu verbinden. Die jungen Reiter müssen in allen Gangarten schnell, laut und deutlich auf Fragen antworten lernen.

b) Reiten zu Zweien und zu Vieren mit Abständen.

c) Sammeln in allen Gangarten und in verschiedenen Marschrichtungen.

d) Schnelles und lautloses Auf= und Absitzen, wobei auf unbedingtes Stillstehen der Pferde größter Wert zu legen ist.

e) Reiten im geöffneten und geschlossenen Gliede.

f) Abbrechen zu Einem aus der zweigliedrigen Abteilung und Aufmarsch.

g) Bilden der Marschkolonnen und Aufmärsche.

h) Verstärken des Mittelgalopps bis zum Jagdgalopp bzw. Exerziergalopp.

Über die besondere Vorbereitung der Rekruten für die Einstellung in die Truppe s. R. V. S. 219.

Zweiter Teil.

Der Bereiter.

10. Ziele und Grundsätze der Dressur.

Durch sachgemäße körperliche Durchbildung und durch planmäßige Erziehung soll das Reitpferd gewandt, gehorsam und ausdauernd gemacht werden.

Die körperliche Durchbildung erstrebt, dem Pferde eine Form und Haltung zu geben, in der es sowohl unter der Reiterlast sich am leichtesten fortbewegen kann und so den Anstrengungen des Dienstes möglichst lange gewachsen bleibt, als auch vom Reiter am sichersten beherrscht werden kann und ihn bequem setzt.

Mit der körperlichen Durchbildung müssen sorgsame Erziehung und Gewöhnung Hand in Hand gehen.

Die schon von Natur stärker belastete Vorhand wird durch das Gewicht des Reiters vermehrt in Anspruch genommen. Durch die Dressur soll daher das Pferd befähigt werden, mit der Hinterhand, von der in erster Linie die kraftvolle Vorwärtsbewegung ausgeht, auch allmählich vermehrt Last aufzunehmen und so die Vorhand zu entlasten. Vermehrt tragen können die Hinterbeine nur, wenn sie sich bei gutem Vortreten in ihren Gelenken, namentlich den oberen, biegen (Hankenbiegung). Eine erhöhte Tragkraft der Hinterhand ist ferner nötig, weil nur sie die zur sicheren Beherrschung des Pferdes erforderliche Aufrichtung gestattet.

Bevor an die eigentliche Bearbeitung gedacht werden kann, muß das Pferd die durch die ungewohnte Reiterlast hervorgerufene Spannung aufgegeben sowie seine natürliche Haltung und seinen natürlichen Gang wiedergefunden haben. Demnächst muß durch Entwicklung der Schubkraft der Hinterbeine eine sichere Verbindung zwischen Pferdemaul und Reiterhand geschaffen werden. „Die ersten Hilfen, denen das Pferd folgen lernen muß, sind daher die vortreibenden." (R.V. S. 152.) Erst durch das Herantreten der Hinterbeine an die Hand und durch das hierdurch erzielte Heranstrecken des ganzen Pferdes an das Gebiß werden Vor- und Hinterhand in Verbindung gebracht. „Der Schub der Hinterhand kann nunmehr ungehindert bis in das Maul hinein wirken und veranlaßt das Pferd, dem Drucke des Mundstücks nachzugeben, sich im Genick zu biegen und am Gebisse zu kauen. Damit ist auch für den Zügel die Möglichkeit geschaffen, auf die Hinterhand zu wirken" und sie zu belasten und zu biegen. (R. V. S. 152.)

„Die biegende Bearbeitung der Hinterbeine steht unmittelbar in Zusammenhang und Wechselwirkung mit einer sich allmählich steigernden Versammlung des Pferdes. Diese verlangt neben vermehrter Tätigkeit der Hinterhand gleichzeitig gesteigerte Durchlässigkeit. Nur wenn von hinten nach vorn wie von vorn nach hinten eine völlig sichere, durch keinerlei Widerstände des Pferdes unterbrochene Leitung besteht, kommt es zum federnden Gegeneinanderarbeiten von Hinterhand und Vorhand, das allein eine richtige Versammlung ermöglicht." (R. V. S. 153.) Das Pferd soll dabei den gleichzeitig treibenden und verhaltenden Hilfen dadurch nachgeben, daß es sich unter vermehrter Biegung der Hinterbeine enger zusammenschiebt, den Hals höher aus dem Widerrist herausrichtet und bei losgelassenem Genick am Gebiß kaut.

Eine gute Versammlung ist nur zu erzielen, wenn man dem Pferde eine gleichmäßige Längsbiegung anweist. Diese wird durch Gegeneinanderwirken der äußeren und inneren Hilfen erreicht. „Erst der genügende Gehorsam auf die inneren Hilfen gestattet die erfolgreiche Anwendung auch der äußeren" (R. V. S. 154). Bevor daher die Längsbiegung durch tätige Mitwirkung der äußeren Hilfen geregelt und vervollkommnet werden kann, muß das Pferd die inneren Hilfen beachten gelernt haben.

Zur Vervollkommnung der Versammlung, Biegsamkeit und Durchlässigkeit dienen die Seitengänge. Durch sie wird die Schubkraft der Hinterhand bewußt eingeschränkt, um die Hinterfüße desto mehr zum Biegen und somit zum Tragen zu veranlassen.

Die durch die Seitengänge erzielte, gesteigerte Versammlung soll auch auf die versammelnden Übungen auf einem

Hufschlag übertragen werden und in erhabeneren Tritten und verbesserter Haltung zum Ausdruck kommen.

Je mehr es im Laufe der Dressur gelingt, die Hinterbeine zu biegen und dadurch nicht nur zum Abschieben sondern auch zum Stützen der Körperlast geschickter zu machen, desto

Bild 1.

Dressurhaltung.

weniger wird das Pferd in der Hand des Reiters eine Stütze suchen, sondern Hals und Kopf, je nach seinem Gebäude mehr oder minder hoch, selbst tragen (Selbsthaltung).

„Eine für alle Pferde normale Stellung von Hals und Kopf gibt es nicht." (R. V. S. 156.) Es ist im Laufe der Dressur stets eine Stellung anzustreben, die dem Reiter eine sichere Hebelwirkung auf die Hinterhand ermöglicht. Diese beste Hebelwirkung ist gewährleistet, wenn der Hals, sich frei aus dem Widerrist erhebend, mit dem oberen Teil der Kammlinie einen zum Genick sanft gewölbten Bogen bildet, dessen höchster Punkt das

Genick ist, und der Kopf mit seinem vorderen Rande —
von Stirn bis Nase — senkrecht getragen wird.
Die senkrechte Stellung darf jedoch nur in
dem Augenblick erreicht werden, wo ein an=
nehmender Zügelzug wirkt. Es empfiehlt

Bild 2.

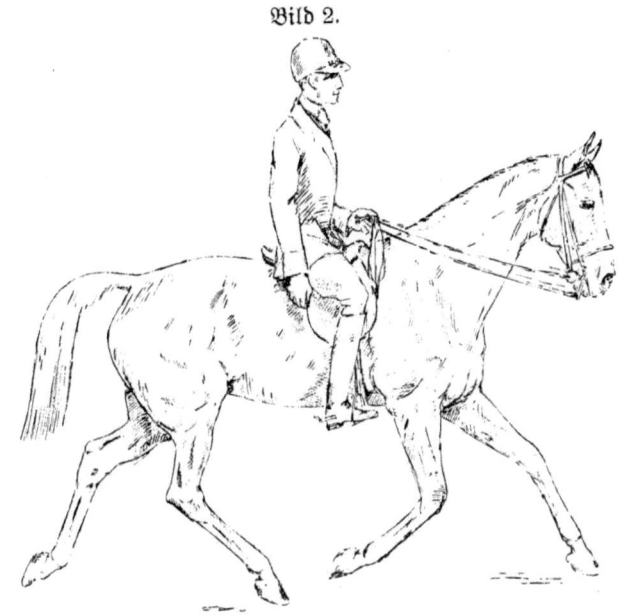

Gebrauchshaltung.

sich daher, im allgemeinen die Stellung so
zu wählen, daß der Kopf ein wenig vor der
Senkrechten steht.

Die untere Linie des Halses soll nicht nach vorwärts
ausgebogen sein. Auch muß das Pferd bei voller Durchlässig=
keit schwunghaft und geräumig treten. Bei schwierigem Hals,
weichem Rücken und schwacher Hinterhand muß man sich mit
einem geringeren Aufrichtungsgrad begnügen. Ebenso kann
man im Bedarfsfalle vorübergehend vermehrte Beizäumung
fordern. Der Reiter muß nur stets im Pferde
das natürliche Streben wach erhalten, den

Hals auszudehnen und die Nase vorzu=
nehmen, somit an die Hand heranzugehen.

Der als beste Stellung bezeichnete Grad von Aufrichtung
und Beizäumung darf vom Pferde nur im Halten und in den
versammelten Gängen gefordert werden. In freieren Gängen
muß ihm gestattet werden, den Hals länger zu machen und die
Nase vorzunehmen.

Auch darf die zu Dressurzwecken angewandte Haltung
(Dressurhaltung Bild 1) nicht immer im Gebrauch
verlangt werden. Hier ist dem Pferde vielmehr soviel Zügel=
freiheit zu gewähren, wie es zu seiner sicheren und bequemen
Fortbewegung bedarf (Gebrauchshaltung Bild 2). In
dieser Gebrauchshaltung soll das Pferd in geringerer Zu=
sammenstellung, aber völliger Durchlässigkeit in weniger er=
habenen, aber geräumigen und schwunghaften Gängen sich
selbst tragen.

Die Durcharbeitung des Pferdes in der Dressurhaltung
bezweckt, das Pferd in allen Körperteilen so durchzubilden
und zu kräftigen, daß es auch bei größeren Anstrengungen eine
gute Gebrauchshaltung bewahrt, schwunghaft geht und auf=
merksam auf die Hilfen und durchlässig bleibt. Das gerittene
Pferd trägt sich selbst, setzt den Reiter bequem und gestattet
ihm jederzeit die Zügelführung mit einer Hand, deren er
im Gebrauch, namentlich als Soldat, bedarf.

Ein gut gerittenes Pferd soll dem Reiter das Gefühl
vollkommenen Gleichgewichts geben und ihn befähigen, jeder=
zeit zwischen hoher Versammlung und freien Gängen zu
wechseln. Es folgt bei fortgesetzt leichter Anlehnung am
Mundstück willig und weich jedem Zügelanzug, geht mit
schwunghaft federnden und geräumigen Gängen aus eigenem
Antrieb vorwärts und verstärkt auf leichte, fast zeichenartige
Hilfen Gangmaß und Gangart.

Endziel aller Dressur ist die sichere Be=
herrschung des Pferdes im Gebrauch, vor
allem auch im Gelände.

11. Erziehung des Pferdes.

(R. V. S. 160—161.)

„Das junge Pferd muß erst mit den Hilfen bekannt ge=
macht werden, ehe man Gehorsam verlangt. Die Anforde=

rungen daran dürfen anfangs nur mäßig sein. Alle Veran=
lassungen, die Widersetzlichkeiten herbeiführen könnten, sind so
lange zu vermeiden, bis die Unterordnung des Pferdes unter
den Willen des Reiters gleichsam gewohnheitsmäßig geworden
ist. Mit dem Lob ist nicht zu geizen; unver=
meidliche Strafen sind mit Ruhe und Über=
legung anzuwenden.

„Jeder Kampf mit einem jungen Pferde, das noch keine
Hilfen kennt, hat meist nachteilige Folgen. Es erleidet da=
durch nicht nur oft Schaden an seinen Beinen, sondern wird
auch leicht im Charakter verdorben. Das Pferd hat ein gutes
Gedächtnis und vergißt schlechte Behandlung nur langsam.

„Bei der Erziehung bedürfen Herdentrieb und Drang
nach dem Stall besonderer Berücksichtigung. Sie spielen fast
bei allen Widersetzlichkeiten eine Rolle; vielfach bilden sie
sogar die unmittelbare Veranlassung zur Äußerung des Un=
gehorsams." Alle Untugenden, wie Kleben, Kehrtmachen,
Drängen, Nichtstehenwollen stehen damit im Zusammenhang.

„Anfänglich muß man sich aber die erwähnten Natur=
anlagen zunutze machen. So bedient man sich beim ersten
Anreiten der Arbeit in der Abteilung und benutzt den Herden=
trieb, um erst die Gehlust der Pferde zu wecken. Ebenso wird
man sich das Einspringen dadurch wesentlich erleichtern, daß
man neue Hindernisse zunächst auf die Abteilung oder in
Richtung auf den Stall springen läßt oder sich dabei eines
sicheren Führpferdes bedient.

„Später muß man durch vieles Einzelreiten und durch
Steigerung der dabei gestellten Anforderungen den Herden=
trieb und den Drang nach dem Stall planmäßig bekämpfen.

„Außer dieser Erziehung, die sich in engem Zusammen=
hang mit der eigentlichen Dressur vorherrschend in der Bahn
oder auf dem offenen Reitplatz abspielt, bedarf das junge
Pferd aber noch planmäßiger Gewöhnung und Vorbereitung,
um ihm die Furcht vor den vielen scheuerregenden Ein=
drücken zu nehmen, denen es bei seiner späteren Verwendung
ausgesetzt ist." Man benutzt dazu die Zeit, während der die
jungen Pferde im Freien geritten werden.

12. Anforderungen an den Bereiter.

Wer ein Pferd erfolgreich arbeiten will, muß richtig sitzen können. Denn nur aus einem richtigen Sitz heraus können richtige Hilfen gegeben werden. Der Bereiter muß sich den Bewegungen des Pferdes weich anschmiegen und dazu bei vorgeschobenen Hüften ein stetes Kreuz haben sowie Schulter-, Ellbogen- und Handgelenke abspannen, damit die Hand nicht durch die Bewegungen des Körpers in Mitleidenschaft gezogen wird, sondern in weicher Fühlung mit dem Pferdemaul bleiben kann. Die Unterschenkel müssen bei anliegendem Knie in weicher Fühlung am Pferde bleiben. Dies allein befähigt den Reiter, die Bewegungen der Hinterbeine richtig zu fühlen und die erforderlichen Hilfen rechtzeitig zu geben.

Jeder Bereiter, der junge Pferde selbständig arbeiten will, muß mit Ziel und Gang der Dressur völlig vertraut sein und Zweck, Aufbau und inneren Zusammenhang der einzelnen Übungen kennen. Auch ist es vorteilhaft, wenn er mit den verschiedenen Arten der Bearbeitung des Pferdes ohne Reiter bekannt ist und die dabei erforderlichen Verrichtungen und Handgriffe beherrscht.

Die Fähigkeit, das Gebäude eines Pferdes zu beurteilen und schwache Körperteile zu erkennen, bewahrt den Bereiter vor zu hohen Anforderungen und setzt ihn in den Stand, sein Pferd rechtzeitig zu schonen.

Vor allen Dingen aber muß jeder, der bei der Dressur junger Pferde Erfolg haben will, Lust und Liebe zur Sache, unerschöpfliche Geduld, feste Ausdauer bei Anstrengungen, Tatkraft und Geistesgegenwart besitzen. Von warmer Liebe zum Pferde beseelt, muß er dauernd bestrebt sein, sein Reitergefühl durch Übung im Sattel zu verfeinern.

13. Das Anreiten.

Beim ersten Anreiten kommt es zunächst nur darauf an, daß das junge Pferd die durch die ungewohnte Belastung hervorgerufene Spannung aufgibt. Fast alle Störungen in Gang und Haltung haben ihren Grund darin, daß die Rücken-, Hals- und Bauchmuskeln, die dem Druck des Reitergewichts entgegenzuwirken haben, von Natur aus nicht genügend vorbereitet sind. Hat das junge Pferd sich erst an das Reitergewicht gewöhnt, so wird es auch meist seine natürliche Haltung schnell wiederfinden und sich mit langem Hals und hängender Nase zwanglos bewegen (Bild 3).

Bild 3.

Sitz des Reiters und Haltung des jungen Pferdes beim ersten Anreiten.

Losgelassenheit, d. h. zwanglose Hergabe des gesamten Muskelsystems, ist die erste Vorbedingung für den Erfolg der gesamten Dressur.

Bevor junge Pferde bestiegen werden, empfiehlt es sich daher, ihnen ohne Reiter die durch die ungewohnte Sattelung hervorgerufene Spannung und den Stallmut zu nehmen. Das beste Hilfsmittel hierzu ist die Longe. Von ihr ist daher überall, wo es sich ermöglichen läßt, ausgiebiger Gebrauch zu machen. Ist diese Vorbereitung nicht durchzuführen, wie z. B. bei abteilungsweiser Ausbildung, so gibt man jungen Pferden vor dem Aufsitzen an der Hand neben Führpferden die nötige Vorarbeit. In der militärischen Ausbildung ist dies die Regel.

Um sie gleichzeitig zu dem für das Tragen der Reiterlast notwendigen Fallenlassen von Hals und Kopf zu veranlassen, werden sie sowohl an der Longe wie an der Hand neben Führ= pferden ausgebunden. „Das Ausbinden erfordert größte Auf= merksamkeit. Das Maß der Ausbindezügel ist so zu wählen, daß das Pferd volle Freiheit hat, mit langem Halse den Zügel zu suchen, aber auch die Möglichkeit, ihn zu finden. Danach muß die Zügellänge immer wieder berichtigt werden." (R. V. S. 163.) Ohne verschnallbare Ausbindezügel läßt sich dies nicht einwandfrei durchführen.

Sowohl an der Longe wie auch an der Hand neben Führ= pferden ist den Pferden hinreichende Bewegung zu geben. Beide vorbereitenden Hilfsmittel wirken auch sehr günstig auf das Temperament; heftige und empfindliche Pferde beruhigen sich und werden handfromm, faule werden lebhafter.

Bei der Wahl des Gangmaßes ist der Veranlagung des Pferdes Rechnung zu tragen. Heftige und daher eilende Pferde müssen durch ein ruhiges Trabgangmaß erst dahin gebracht werden, daß sie sich beruhigen, faule und verhaltene sind durch ein frisches Gangmaß zum lebhafteren Treten zu bringen. Da man bei der Truppe gezwungen ist, die jungen Pferde in der Abteilung auszubilden, wobei im allgemeinen nur die Vorbereitung neben Führpferden in Anwendung kommen kann, muß man das Gangmaß so wählen, daß die heftigen Pferde nicht ins Eilen kommen, in den verhaltenen aber die Gehlust genügend geweckt wird. Auf freien großen Reitplätzen, die, wenn möglich, bei abteilungsweiser Abteilung zunächst benutzt werden sollten, müssen heftige und eilende Pferde auf etwas verengertem Hufschlag geführt werden.

Hat das junge Pferd durch eine derartige Vorbereitung seine Spannung aufgegeben und seine natürliche Haltung und seinen natürlichen Gang wiedergefunden, so kann es bestiegen werden. Man läßt es zunächst an der Longe oder neben dem Führpferde, damit es sich erst an die Reiterlast gewöhnt und auch unter ihr jeden Zwang aufgibt. Nach und nach muß

der Reiter, sobald das Pferd seine natürliche Haltung wieder=
findet, sich mit seinen Hilfen heranfühlen und von Longe
und Führpferd unabhängig machen.

Der Reiter sitze ruhig und stet und mildere, ohne sich in
die Bügel zu stellen, den Wurf durch weiches Auffangen mit
Oberschenkel und Knie. Jede Belästigung in Rücken und
Maul ist zu vermeiden. Daher ist anfänglich, namentlich bei
Pferden mit empfindlichen Rücken, leichtes Vorneigen des
Körpers erforderlich. Ferner empfiehlt es sich, die Zügel nicht
zu lang zu nehmen, sondern mit den tiefgestellten Händen ver=
mehrt vorzugehen (s. Bild 3), damit man bei plötzlichen Be=
wegungen nicht mit der Hand zurückfährt und hintenüberfällt.

Die Sporen sind, um eine Belästigung mit ihnen zu ver=
meiden, anfänglich ganz fortzulassen. Im übrigen lasse der
Reiter aber seine Unterschenkel, ohne sich anzuklammern, ganz
natürlich am Pferdeleib herabhängen, damit das Pferd sie
baldmöglichst annehmen lernt.

14. Entwicklung des Ganges und Erzielung der Anlehnung.

Hat das Pferd unter dem Reiter seine natürliche Haltung
und seinen natürlichen Gang wiedergefunden, so wird es
durch allmählich längeres Traben Anlehnung an das Gebiß
suchen, die ihm der Reiter gewähren muß. Auch wird es
gegen Ende der Stunde fauler werden und sich zum Vor=
wärtsgehen auffordern lassen. Dies benutze der Reiter dazu,
es an leichtes Klopfen der Unterschenkel zu gewöhnen.
Man gebrauche die Schenkel dicht hinter dem Gurt und
bemesse die Stärke der Einwirkungen nach der Empfindlich=
keit des Pferdes. Das Klopfen mit dem Unterschenkel kann
durch leichtes Berühren mit der Gerte dicht hinter dem
Schenkel oder an der Schulter unterstützt und so das Ver=
ständnis des Pferdes für die vortreibenden Hilfen geweckt
werden. „Der Gehorsam auf diese Hilfen ist die Grundlage
für die Entwicklung des Ganges und die gesamte weitere
Bearbeitung des Pferdes." (R. V. S. 152.)

„Es bleibt stets einer der wichtigsten
Grundsätze der Dressur, in jedem Pferde die
Neigung zum dreisten Vorwärtsgehen zu
wecken und zu erhalten." (R. V. S. 170.)

Der Reiter sei daher von Anfang an bestrebt, den vom Pferde angebotenen natürlichen Gang eher etwas frischer zu gestalten, als kürzer werden zu lassen. Je mehr stets an Vorwärtsreiten gedacht und je weniger mit den Händen eingewirkt wird, eine desto bessere Grundlage wird für die spätere Dressur geschaffen.

Das Pferd gewinnt auf diese Weise von selbst allmählich Anlehnung in der Tiefe und demnächst die für die Durchlässigkeit nötige Beizäumung. Unter Tiefe ist jedoch nicht „möglichst tief" zu verstehen. Es ist im allgemeinen eine Stellung anzustreben, bei der das Gebiß in Höhe der Hüften des Pferdes steht. Pferde mit weichem Rücken und schwachen Hinterbeinen müssen anfänglich etwas tiefer gestellt werden.

A n l e h n u n g u n d B e i z ä u m u n g d ü r f e n n i e = m a l s d u r c h R ü c k w ä r t s w i r k e n d e r H ä n d e u n d d u r c h g e w a l t s a m e s E i n z w ä n g e n v o n H a l s u n d K o p f e r s t r e b t w e r d e n. S i e m ü s s e n d a s E r g e b n i s d e s N a c h s c h u b e s d e r H i n t e r b e i n e g e g e n d i e a u s h a l t e n d e H a n d s e i n. Nur so wird die Feststellung des Halses am Widerrist und das für die ganze Bearbeitung, insbesondere für das Geraderichten, unbedingt nötige Heranstrecken an die Hand erreicht, ohne die eine sichere Verbindung zwischen Vorhand und Hinterhand unmöglich ist.

Mit zunehmendem Gehorsam auf die vortreibenden Hilfen und dadurch erzielter Anlehnung an die Zügel wird sich allmählich aus dem bisher der natürlichen Veranlagung des Pferdes angepaßten Traben ein frischer und taktmäßiger Arbeitstrab entwickeln.

„Der Reiter fühlt deutlich in beiden Händen und unter beiden Gesäßknochen, daß Vorhand und Hinterhand in Verbindung gebracht sind, und daß die Arbeit der Hinterhand sich in federnder Tätigkeit der Rückenmuskeln und in ruhigen gleichmäßigen Tritten äußert." (R. V. S. 152.)

Einzelne Pferde werden, namentlich in der ersten Zeit, Hals und Kopf zu tief stellen und mit der Nase hinter die Senkrechte gehen. Der Reiter muß dauernd bestrebt sein, dies durch vermehrtes Vortreiben und freieres Gangmaß abzustellen. Pferde, die dabei auf die Hand drücken, müssen durch leichte halbe Paraden bei höher gestellten Händen dazu ge=

bracht werden, Hals und Kopf natürlich und frei zu tragen, damit sich nicht erst ein falscher Knick im Halse bildet, der später schwer zu beseitigen ist.

Neben dem ersten Grundsatz, das Pferd stets mit sicht= barem Schwunge vorwärts zu reiten, ist von Anfang an der andere, nicht minder wichtige zu beachten, die Vorhand des Pferdes so auf dessen Hinterhand einzurichten, daß die Hinter= füße den Vorderfüßen in der Bewegungsrichtung genau folgen, d. h. das Pferd geradezurichten. Bezüglich dieser Geraderichtung werden dem Reiter, sobald das Pferd die Zügel= und Schenkelhilfen zu verstehen beginnt, durch die Schiefe der meisten Pferde schon jetzt Schwierigkeiten er= wachsen.

Die erste geraderichtende Arbeit wird durch entschlossenes Vorwärtsreiten wesentlich unterstützt, und es darf in bezug auf Geraderichtung zunächst nichts weiter erstrebt werden, als daß das Pferd beide Zügel gleichmäßig annimmt.

Will der Reiter aus dem Arbeitstrabe zum Schritt über= gehen, so läßt er die Schenkel in der ersten Zeit nicht mehr treibend wirken, während die Hände bei leicht vorgeneigtem Oberkörper wiederholt weich und saugend gegenhalten. Man läßt die Gangart auslaufen.

Der Schritt muß natürlich und frei sein. Dem Bedürfnis des Pferdes, die ermüdeten Halsmuskeln durch Langmachen des Halses auszuruhen, muß der Reiter durch die nötige Zügel= freiheit entgegenkommen. Schenkel und Gerte veranlassen das Pferd zu dem für das freie Treten notwendigen Lang= machen des Halses und Vornehmen der Nase. Erst wenn ein Pferd im Trabe gut am Zügel steht, darf man auch im Schritt, aber stets nur für einige Tritte, fordern, daß es am Zügel und in Haltung geht.

„Das von vielen Reitern, namentlich in den Ruhepausen, nur mit den Händen ver= suchte Formen des Halses im Schritt schädigt den Vortritt und die Biegung der Hinter= hand in hohem Maße." (R. V. S. 173.)

Auch der Übergang aus dem Schritt zum Halten muß ganz allmählich erfolgen. Nach dem Anhalten läßt der Reiter das junge Pferd anfangs stehen wie es will, gibt die Zügel nach und belobt es. Erst wenn das Pferd gelernt hat, einige

Tritte im Schritt am Zügel und in Haltung zu gehen, können
die Schenkel auch bei der Parade zum Halten in Wirksamkeit
treten und die Hinterfüße zu weiterem Unterlaufen veran=
lassen. Nach der Parade geben die Hände sogleich nach, damit
die Vorderfüße gegebenenfalls vortreten können. Rückwärts
oder seitwärts ausweichende Pferde werden einige Tritte
gegen die leicht getragene Hand vorgeritten.

Während des Haltens muß der Reiter dem jungen Pferde
durch Turnübungen frühzeitig jede Ängstlichkeit und Empfind=
lichkeit beim Auf= und Absitzen nehmen.

15. Ausbildung des Trabes.

Hat das Pferd im Arbeitstrabe Selbsthaltung, takt=
mäßigen Gang und sichere Anlehnung gewonnen, so muß man
die Tritte allmählich bis zum Mitteltrabe verlängern. Der
Reiter hat das Pferd dazu durch verstärkte Schenkeleinwir=
kung und vermehrtes Einsitzen, nötigenfalls unter Beihilfe
der Gerte, gleichmäßig an beide Zügel bei leicht getragener
Hand vermehrt vorzutreiben. Durch das stärkere Herangehen
an das Gebiß wird die Biegung des Genicks vermehrt; der
Hals schiebt sich mehr zusammen und wird durch das Ab=
stoßen des Pferdes vom Mundstück für die Zügelhilfen durch=
lässiger. Gleichzeitig werden durch das vermehrte Untertreten
und das stärkere Einsitzen die Hinterbeine belastet und ge=
bogen; das Pferd wird hinten tiefer und beginnt sich vorn
aufzurichten. (Relative Aufrichtung, Bild 4.)

„Der Mitteltrab ist die beste Grundlage
für alle späteren Übungen und der beste
Prüfstein für eine gute Dressur.“ (R. V. S. 176.)

Der Reiter darf nicht früher zum Mitteltrabe übergehen,
als bis das Pferd Kopf und Hals fallen gelassen, sichere An=
lehnung bei losgelassenem Genick, und taktmäßigen Gang ge=
wonnen hat. Nur in dieser Haltung wird der Rücken trag=
fähig gemacht. Mitteltrab auf einem über dem Zügel, ohne
Genickbiegung forteilenden Pferde vereitelt jeden Fortschritt
in der weiteren Ausbildung.

Ebenso wichtig aber ist es, daß das Pferd mit Entwick=
lung des Mitteltrabes sich aus der Tiefe aufrichten und selbst
tragen lernt. Drängt ein Pferd dabei auf die Hand, so

schieben die Hinterfüße zu stark, und die ganze Last wird den Vorderbeinen aufgebürdet. Häufiger Wechsel zwischen Mittel= trab und Arbeitstrab ist das beste Mittel, diesen Fehler ab= zustellen. Das Pferd lernt durch die halben Paraden dem Drucke des Mundstückes nachgeben, den Hals auf= und zurück= richten und wird so für die Wirkung der Zügel durchlässiger.

Bild 4.

Mitteltrab.

Die Hinterfüße werden zu vermehrter Lastaufnahme veran= laßt und können nunmehr durch lebhafte Schenkelhilfen zum fleißigen Vortreten angehalten werden. Es empfiehlt sich, den Mitteltrab zunächst nur auf die langen Seiten zu entwickeln, vor den kurzen Seiten aber den Gang immer wieder zum gemäßigten Arbeitstrabe einzufangen.

Ist der Mitteltrab genügend befestigt, so kann der Reiter daran denken, den Trab einerseits durch allmähliche Versamm= lung des Arbeitstrabes, andererseits durch Verstärken des Mitteltrabes zu vervollkommnen.

Durch Versammlung des Arbeitstrabes soll die Haltung verbessert und das Pferd zu erhabeneren Tritten veranlaßt werden. Durch Verstärken des Mitteltrabes soll vermehrtes Untertreten und Abschieben der Hinterfüße und hiermit freieres und weiteres Vortreten der Vorderfüße erzielt werden.

Im versammelten Arbeitstrabe muß das Pferd ebenso lebhaft, taktmäßig und schwunghaft, aber erhabener und weniger raumgreifend treten. Man hüte sich ganz besonders vor schleppenden, schwebenden Tritten. Beim Verstärken des Gangmaßes, das nur auf den langen Seiten der Reitbahn erfolgen darf, müssen die Tritte ebenso ruhig wie im Mittel= trabe bleiben, aber raumgreifender werden. Wird der Reiter sowohl im Mitteltrab wie beim Verstärken desselben hart geworfen, so zeugt dies von mangelhafter Rückentätigkeit des Pferdes. Um durch vermehrten Wurf nicht krampfhafte Tritte zu erzeugen, kann es sich empfehlen, leicht zu traben. Immer aber muß es das Streben des Reiters sein, durch „Am Sattel= bleiben" willige Hergabe des Rückens des Pferdes zu erzielen.

Der ausgebildete abgekürzte Trab und starke Trab dürfen erst im zweiten Ausbildungsjahre gefordert werden.

16. Erzielung seitlicher Biegung.

Biegende innere und verwahrende äußere Hilfen geben dem Pferde seitliche Biegung, die für seine Bearbeitung un= erläßlich ist.

Der Reiter lehrt dem Pferde zunächst den Gehorsam auf die inneren Hilfen. Hierzu dient in erster Linie das Biegen. Wendung auf der Vorhand und Schenkelweichen wendet man als unterstützende Hilfsmittel an.

Mit der Wirkung der inneren Hilfen wird das Pferd schon von Anfang an durch die beim Reiten auf dem Viereck benötigten Wendungen bekannt gemacht. Der Reiter gebe dabei mit der äußeren Hand etwas nach, rücke mit der inne= ren Hand eine Handbreite nach innen ab und erhalte durch Klopfen oder Drücken mit dem inneren Schenkel die fließende Vorwärtsbewegung. Sehr vorteilhaft für die Nachgiebigkeit auf die inneren Hilfen ist die Arbeit auf einem großen Zirkel im Freien, mit der schon frühzeitig begonnen werden kann.

Beim Biegen handelt es sich ebenso wie bei allen anderen Übungen niemals um Bearbeitung einzelner Teile des Pferdekörpers, sondern stets um die des ganzen Pferdes. Schwierigkeiten und Widerstände, die in Steifungen des Halses und Genicks zum Ausdruck kommen, haben häufig ihren Sitz im Rücken und in den Hinterbeinen. Der Reiter sei daher beim Biegen immer bestrebt, den inwendigen Hinterfuß durch den gleichseitigen Schenkel zum Vortritt unter die Last anzuhalten und mit dem inneren Zügel nur den inwendigen Ganaschenrand auf diesen Hinterfuß einzurichten, während der äußere Zügel durch allmählich sich steigerndes Gegenhalten zu starke Halsbiegung und Ausfallen der äußeren Schulter verhindert. Tätiges Eingreifen der versammelnden äußeren Hilfen, bevor das Pferd den inneren nachgegeben hat, ruft fehlerhafte Spannungen hervor.

Man macht das junge Pferd zunächst auf der Stelle mit den biegenden Hilfen bekannt. Nachgiebigkeit des Pferdes im Halten kann den Reiter jedoch leicht täuschen. Im Gange dagegen wird er durch das Bedürfnis des Pferdes nach Erhaltung des Gleichgewichts in seiner Einwirkung unterstützt.

„Die Arbeit auf der Stelle ist daher auf das notwendigste Maß zu beschränken. Grundsätzlich ist stets das ganze Pferd im Vorwärtsreiten zu arbeiten." (R. V. S. 155.)

Hat das Pferd gelernt, den inneren, erweiternden Hilfen willig nachzugeben, so kann der Reiter die äußeren, verengenden Hilfen allmählich zu vermehrter Wirkung bringen und dadurch dem Pferde eine gleichmäßige Längsbiegung geben.

Hierzu dienen Reiten in Stellung, Abbrechen und Reiten auf dem Zirkel.

Das Reiten in Stellung lehrt das Pferd, in vermehrter Zusammenschiebung diejenige Längsbiegung anzunehmen, die in geringerem oder stärkerem Grade beim Versammeln, bei allen Wendungen, im Galopp und beim Reiten auf zwei Hufschlägen unentbehrlich ist. Das Pferd muß dabei stets gerade gerichtet, und sein Hals am Widerrist festgestellt bleiben. Auch darf es im Hals und Genick nicht stärker seitlich gebogen werden als im Rumpf. Der Reiter dehne die biegende Arbeit nicht zu lange aus und sorge durch Wechsel der Stellung dafür, daß die Pferde nicht in einseitiger Biegung ermüden und sich steifmachen.

Auch das Abbrechen darf nicht zu häufig vorgenommen und zu lange ausgedehnt werden.

Das Reiten auf dem Zirkel bietet dem Reiter durch die damit verbundene stärkere Belastung des inneren Hinterfußes das Mittel, die schiebenden Kräfte der Hinterbeine allmählich in tragende umzusetzen. Das Pferd wird sich, je williger es die Stellung hergibt, um so genauer der Kreislinie des Zirkels anpassen lassen.

17. Der Galopp.

„Ist das Pferd in der Trabarbeit gut an die Zügel gebracht, bewahrt es auch im gesammelteren Tempo genügende Selbsthaltung, so wird zum Galopp übergegangen." (R. V. S. 154.)

Das Pferd soll zunächst nur lernen, auf leichte Hilfen in den richtigen Galopp einzugehen und sicher auf dem betreffenden Fuße zu verbleiben.

Die erste Entwicklung des Galopps (Bild 5) wird am besten im Freien auf einem großen Kreis vorgenommen. In Reitbahnen empfiehlt es sich, den Galopp nur auf dem Zirkel zu entwickeln und dann sofort auf die ganze Bahn überzugehen, wobei die Ecken zirkelartig abzurunden sind.

Der Reiter entwickelt den Galopp am besten aus einem gehaltenen Arbeitstrabe, und zwar ist dazu die Stelle des Zirkels die geeignetste, an der das Pferd sich nach überschreiten des freien Paradepunktes der Wand nähert. Es ist ein natürlicher, ruhiger Sprung anzustreben. Ein bestimmter, gleichmäßiger Arbeitsgalopp kann sich erst entwickeln, wenn das Pferd auf leichte Hilfen in den Galopp eingeht. Pferde, denen das Angaloppieren besonders schwer fällt, galoppiert man erst an der Longe ein. Die anfänglich ganz kurz zu bemessenden Galoppübungen können erst allmählich länger ausgedehnt werden, wenn das Pferd dabei gute Selbsthaltung bewahrt. Sie haben den Zweck, es auf dem Fuße zu befestigen.

Zum Beenden des Galopps geht der Reiter zunächst in den Arbeitstrab und dann in den Schritt über.

Geht das Pferd auf leichte Hilfen ruhig in den Galopp ein und behält es dabei taktmäßigen Sprung und Selbſthaltung, ſo kann man zur Vervollkommnung des Arbeitsgalopps aus dem Schritt angaloppieren. Man vermeide aber dabei von Anfang an jede Traversſtellung!

Bild 5.

Sitz des Reiters und Haltung des jungen Pferdes beim erſten Galoppieren.

Galoppiert das Pferd auch aus dem Schritt mit Sicherheit richtig an, ſo iſt der Arbeitsgalopp durch vermehrtes Herantreiben der Hinterhand allmählich bis zum Mittelgalopp zu verſtärken. Es empfiehlt ſich, das Zulegen anfänglich, namentlich in der Reitbahn, nur auf den langen Seiten vorzunehmen. Der Reiter muß dabei beſtrebt ſein, durch taktmäßiges Herauslaſſen jedes Sprunges und immer erneutes Vortreiben mit den Schenkeln den Galoppſprung fleißig und ſchwungvoll zu geſtalten.

Im ersten Ausbildungsjahr ist bei jungen Pferden die Versammlung des Arbeitsgalopps nur durch wiederholtes, häufiges Angaloppieren aus dem Schritt anzustreben. Abgekürzter Galopp, Verstärken des Galopps und Reiten enger Wendungen im Galopp sind für noch nicht voll entwickelte Pferde nachteilig und in der militärischen Remonteausbildung verboten.

18. Steigerung der Durchlässigkeit, Versammlung und Biegung.

Durch erhöhte Anforderungen bei den halben und ganzen Paraden, durch Rückwärtsrichten, Reiten engerer Wendungen im Schritt und Arbeitstrabe sowie durch die Wendung auf der Hinterhand sollen im ersten Ausbildungsjahr Haltung und Durchlässigkeit weiter verbessert werden. Auch kann das Schenkelweichen durch allmähliche vermehrte Mitwirkung der äußeren Hilfen bis zur Annäherung an Schulterherein vervollkommnet werden.

Schon hierbei zeigen sich die beim Schulterherein am häufigsten vorkommenden Fehler, nämlich Verwerfen des Halses infolge falscher Einwirkung mit dem inneren Zügel und hierdurch verursacht, Ausfallen mit der äußeren Schulter und Losmachen vom Zügel.

Die Anforderungen in bezug auf Versammlung und Biegung sind im ersten Ausbildungsjahr der Veranlagung und den Kräften des einzelnen Pferdes sorgfältig anzupassen.

Man mache es sich zum Grundsatz, daß kein Pferd versammelt werden darf, bevor es sich nicht im Mitteltrabe bei freier Kopf- und Halsstellung selbst trägt.

Bei noch ungenügend entwickelten, ungünstig gebauten oder aus anderen Gründen, wie Krankheit, mangelhafter Reiterei usw., zurückgebliebenen Pferden müssen die Ansprüche an die Dressur, um eine Schädigung auszuschließen, unbedingt ermäßigt werden.

Das junge Pferd muß während der Dressur an Kraft und Fülle zunehmen.

19. Die Trensenarbeit im zweiten Ausbildungsjahr.

Allgemeines. Der Dressurzweck muß im wesentlichen durch die Arbeit auf Trense erreicht werden. Daher beginnt die Arbeit im zweiten Ausbildungsjahr wieder auf Trense.

„Das Hauptaugenmerk muß auch im weiteren Verlauf der Dressur auf Förde=rung des Ganges und der Durchlässigkeit gerichtet bleiben." (R. V. S. 197.)

Für die jetzt vom Reiter zu erstrebende erhöhte Inan=spruchnahme der Hinterhand ist Vorbedingung, daß das Pferd geradegerichtet und mit einem am Widerrist festgestellten Halse in den drei Gangarten eine seinem Gebäude entsprechende Selbsthaltung gewonnen hat.

Abgekürzter Trab. (Bild 6.) Zunächst wird mit der all=mählichen Versammlung des Arbeitstrabes zum abgekürzten Trab begonnen. Der Reiter fordere diesen anfänglich nur auf ganz kurze Strecken, z. B. auf den kurzen Seiten, und sorge dazwischen durch Zulegen bis zum Mitteltrabe dafür, daß die Tritte schwungvoll und lebhaft bleiben. Schleppende oder schwebende Tritte sind sofort durch vermehrtes Vor=treiben und durch Einschalten von freien Gängen zu unter=drücken. Dem Drängen auf die Hand ist durch wiederholte halbe Paraden und durch mehr klopfende Tätigkeit der Schenkel am Gurt entgegenzuwirken. Der ausgebildete ab=gekürzte Trab findet sich erst durch die Seitengänge und durch den abgekürzten Galopp.

Starker Trab. (Bild 7.) Durch die im abgekürzten Trabe erzielte vermehrte Biegung der Hinterhand wird der Mittel=trab sich so verbessert haben, daß zur vollen Entwicklung des Schwunges und zur Gewinnung weitgreifenderer Tritte der starke Trab ausgebildet werden kann. Gelegent=liches Einschalten des starken Trabes ist auch wegen der im zweiten Ausbildungsjahr wesentlich erhöhten Anforderungen an Biegung und Versammlung zu erneuter Anregung der Gehlust geboten. Er wird besonders geräumig sein, wenn vorher galoppiert wurde.

Seitengänge. Hat das junge Pferd im zweiten Jahr genügende Selbsthaltung und Durchlässigkeit gewonnen, so kann mit dem Reiten der Seitengänge begonnen werden.

Der Reiter erreicht die dadurch erstrebte stärkere Biegung und sichere Beherrschung der Hinterfüße am sichersten im S c h u l t e r h e r e i n, auch kann er in diesem Seitengang die Wirkung des inneren Schenkels durch den gleichseitigen Zügel unterstützen und dadurch das Ausweichen des in-

Bild 6.

Abgekürzter Trab.

wendigen Hinterfußes leichter verhindern als im Travers und Renvers, bei denen sich biegender innerer Zügel und seit= wärts treibender äußerer Schenkel entgegenarbeiten.

Zum T r a v e r s ist das Pferd erst richtig vorbereitet, wenn dem Reiter die Erhaltung gleichmäßiger Biegung im Schulterherein keine Schwierigkeiten bereitet. In diesem Seitengange wird der äußere Hinterfuß von selbst mehr unter der Gewichtsmasse getrieben. Der Reiter richte daher sein Hauptaugenmerk darauf, daß der innere Hinterfuß nicht nach innen abweicht, sondern ebenfalls unter die Last fußt. Travers bereitet das Pferd am besten für alle engeren Wendungen vor.

Mit R e n v e r s kann man beginnen, sobald die Pferde im Reiten in Konterstellung geübt worden sind und im Tra=

Bild 7.

Starker Trab.

vers einige Sicherheit erlangt haben. Die Schwierigkeit der Übung Renvers liegt in den Wendungen.

Man darf Seitengänge nur auf kurze Strecken reiten und seine Anforderungen in bezug auf Abstellung nur ent= sprechend der erzielten Längsbiegung allmählich steigern. Sie muß sofort wieder verringert werden, sobald der Gang unrein oder ausdruckslos wird.

Seitengänge sind für die Dressur nur Mittel zum Zweck. Sie sollen verbesserte Haltung, erhabenere, schwungvollere Tritte und gleichmäßige, weiche Anlehnung zur Folge haben.

Bild 8.

Abgekürzter Rechtsgalopp.

Abgekürzter Galopp (Bild 8). Hat das junge Pferd im Galopp bei schwungvollem Sprung eine gute Selbsthaltung erlangt, so kann durch häufiges Angaloppieren, namentlich aus dem Schritt, mit der Ausbildung des abgekürzten Galopps begonnen werden. Durch die nach wenigen Galoppsprüngen erfolgende Parade lernt das Pferd die Hanken biegen und sich aufnehmen. Vor erneutem Angaloppieren ist die Versammlung zu verbessern. Bei Pferden, denen es schwer wird, sich zu versammeln, kann man durch versammelnde Arbeit an der Hand oder am Kappzaum das leichte Angaloppieren wesentlich verbessern.

Der Reiter übe das Angaloppieren in dieser Dressur=
periode häufig, und zwar am besten auf dem Zirkel oder aus einer Ecke heraus.

Geht das Pferd auf leichte Hilfen in den abgekürzten Galopp ein und trägt es sich dabei selbst, so kann der Reiter auch aus dem Mittelgalopp zum abgekürzten Galopp über=
gehen. Hierbei ist die Hebelwirkung des richtig aufgerichteten Halses auszunutzen. Demnächst ist auch der Geraderichtung des Pferdes vermehrte Aufmerksamkeit zuzuwenden. Hierbei kann eine geringe schulterhereinartige Stellung von großem Nutzen sein.

Im abgekürzten Galopp muß sich stets ein bestimmtes, fleißiges Unterspringen der Hinterfüße bemerkbar machen. Hört dies auf, so muß sofort durch vermehrtes Treiben und taktmäßiges Herauslassen der einzelnen Sprünge eine leb=
haftere Galoppbewegung bewirkt werden.

Zur Übung des Angaloppierens aus dem Halten müssen die Hinterfüße vorher gut herangeholt und dem Pferde an=
fänglich gestattet werden, im Schritt anzugehen.

Nach erlangter guter Selbsthaltung im abgekürzten Galopp kann zur Einübung des Kontergalopps geschritten werden. Hierbei empfiehlt sich zunächst der Übergang durch eine Kehrtwendung aus der ersten Ecke der kurzen Wand. Demnächst ist auch der Fußwechsel im Galopp zu üben.

Trägt sich das Pferd im abgekürzten Galopp selbst, so kann zur Erhöhung der Biegung und Tragkraft der Hinter=
hand mit dem Versammeln in halben Tritten begonnen werden. Diese Übung wird sich um so reibungs=
loser vollziehen, je besser das Pferd durch Arbeit an der Hand oder am Kappzaum hierfür vorgebildet ist. Die Unterstützung durch den Lehrer oder einen vorgebildeten Gehilfen, der die Hinterbeine mit einer Gerte zu lebhaftem Untertreten anregt, wird bei so vorbereiteten Pferden von besonderem Nutzen sein. Man begnüge sich mit wenigen guten Tritten, steigere die Anforderungen nur ganz allmählich, ver=
meide jede gewaltsame Einwirkung und karge nicht mit dem Lob.

Den Abschluß der Dressur bildet die Kurzkehrt=

wendung. Der Reiter beginnt mit dem Einüben im
Schritt und bedient sich dabei einer traversartig gerittenen,
allmählich zu verengernden Kehrtwendung. Erst wenn die
Kurzkehrtwendung im Schritt richtig ausgeführt werden kann,
darf sie auch im abgekürzten Trabe und demnächst im abgekürzten Galopp geübt werden. Man achte darauf, daß das
Pferd möglichst den Takt der Gangart beibehält und nicht
eiliger wird!

20. Reiten auf Kandare.

Im ersten Ausbildungsjahr kommt es beim
Reiten auf Kandare hauptsächlich darauf an, das junge Pferd
an die neue Zäumung zu gewöhnen und zum vertrauens-
vollen Herangehen an das Mundstück zu bringen. Die Kandarenzäumung bietet außerdem den Vorteil, daß der Reiter
das Pferd beim Reiten im Freien besser beherrscht.

Um auf beiden Seiten gleichwertige Zügeleinwirkungen
zu erzielen, werden anfänglich die Zügel entweder geteilt oder
es wird die Trense angefaßt. Auch kann man alle vier Zügel
in der linken Hand vereinigen und die Anlehnung durch die
vorfassende rechte Hand regeln. Stets muß dabei die Wirkung
der Trense vorherrschen.

Die Anlehnung an das Mundstück wird am besten bei
verhältnismäßig langen Zügeln durch längeres Traben gewonnen. Der Reiter muß dem jungen Pferde gestatten, den
Hals auszudehnen und die Nase etwas vorzunehmen. Auch
reite man die ersten Tage möglichst geradeaus und gut vorwärts.

Alle Zügelhilfen werden zunächst mit der Trense ein-
geleitet. Beim Wenden ist der äußere Kandarenzügel etwas
nachzulassen und erst nach und nach zur Wirkung zu bringen.
Die Paraden müssen ganz allmählich ausgeführt werden.

Damit das junge Pferd nicht durch die schärfere Zäumung
veranlaßt wird, sich zu überzäumen, hüte sich der Reiter vor
jedem Zurückarbeiten mit den Zügeln und vermeide kurze
Gänge.

Stellt ein Pferd sich vorn zu tief, so muß der Reiter
zunächst die Nase durch energisch vortreibende Hilfen vor die
Senkrechte bringen und Hals und Kopf durch leichte halbe
Paraden mit steigender Hand mittels der Trense höherstellen.
Das Genick muß unbedingt der höchste Punkt des Pferdes

bleiben. Dies gilt noch besonders beim Biegen und Ab=
brechen. Beides darf auf Kandare nur in gut aufgerichteter
Stellung von Hals und Kopf vorgenommen werden, weil
dieses Gebiß in einer tieferen Stellung fehlerhaft wirkt.

Das Reiten auf Kandare sollte im ersten Ausbildungs=
jahr fast ausschließlich unter Mitgebrauch der Trense geschehen.
Nur vorübergehend kann bei einem Pferde, das das Mund=
stück vertrauensvoll annimmt, vorsichtig der Versuch gemacht
werden, die Trense kurze Zeit auszuschalten.

Die Form, in der sich das Pferd auf Kandarenzäumung
trägt, gibt dem Reiter einen Fingerzeig für die bei Beginn
des zweiten Ausbildungsjahres wieder aufzunehmende
Trensenarbeit.

Im zweiten Jahr wird durch das Reiten auf
Kandare das erlangte Maß von Ausbildung befestigt und
vervollkommnet, nachdem der Reiter durch die Arbeit auf
Trense die zur vollen Beherrschung des Pferdes gebotene
Durchlässigkeit erreicht hat. Die Hebelwirkung der Kandare
ermöglicht dem Reiter die Führung und Beherrschung des
Pferdes mit einer Hand. Das Reiten mit durchgezogener
Trense ist daher rechtzeitig und häufig zu üben. Der Reiter
muß dabei, namentlich auch beim Einzelreiten, stets selbständig
vorübergehend mit der rechten Hand zufassen oder die Trense
gebrauchen, um Fehler des Pferdes in Gang und Haltung
abzustellen.

In der Truppe ist anzustreben, daß bei Beendigung der
Dressur die alten Remonten in allen Gangarten und beson=
ders beim Einzelreiten auch mit losgelassener Trense geritten
werden können.

Bei den Seitengängen ist die Trense stets
anzufassen.

21. Einspringen junger Pferde.

Junge Pferde müssen zunächst an der Hand eingesprungen
werden. Erst wenn sie auf diese Weise genügende Geschick=
lichkeit und Lust zum Springen gewonnen haben, kann zum
überwinden von mäßigen Hindernissen unter dem Reiter
geschritten werden.

Man beginnt mit dem überschreiten der am Boden
liegenden oder ganz niedrig eingelegten Stange. Der Reiter

fasse mit der Hand in die Mähne, um das Pferd beim Springen nicht zu stören. Nach dem Sprunge lasse er die Gangart auslaufen. Zunächst reitet man im ruhigen Trabe gegen das Hindernis, fällt das Pferd kurz vor dem Hindernis in den Galopp, so muß man es in dieser Gangart springen lassen. Der Reiter kann die Gangart beim Anreiten gegen ein Hindernis erst bestimmen, wenn das Pferd ganz sicher eingesprungen ist. Unsicher springende Pferde reitet man gegen ein Hindernis nur so frei gegen, daß man sie in der Gewalt behält.

Im zweiten Ausbildungsjahr werden die Anforderungen beim Springen nach und nach gesteigert. Sie sind jedoch stets nach dem Gebäude und den Kräften des Pferdes zu bemessen. Dem Überwinden neuer Hindernisse läßt man möglichst das Einspringen an der Hand oder an der Longe vorausgehen.

Schließlich muß ein fertig ausgebildetes junges Pferd jedes ihm bekannte Hindernis einzeln gehorsam springen.

Zum Springen ist zunächst stets die Trense anzufassen oder die Zügel sind zu teilen.

22. Besondere Übungen.

Der dem Pferde innewohnende Herdentrieb muß frühzeitig durch besondere Übungen bekämpft werden. Hierzu dienen hauptsächlich die verschiedenen Arten des Einzelreitens, wobei man die Anforderungen allmählich steigert.

Man beginnt mit dem Einzelreiten auf derselben Hand. Gleichzeitig auf beiden Händen kann man es erst üben, wenn alle Pferde genügend in der Gewalt der Reiter sind. Das Herausreiten aus dem Gliede nimmt man zunächst aus der geöffneten und später aus der mit verkleinerten Zwischenräumen aufgestellten Abteilung vor. Aus dem geschlossenen Gliede darf man es von den jungen Pferden nicht eher fordern, als bis sie gut an der Hand stehen.

Beim Reiten im Gelände soll man erst das Selbstvertrauen des Pferdes im Überwinden von Hindernissen aller Art dadurch begründen, daß man sich zunächst durch ein älteres sicheres Pferd hinüberführen läßt. Demnächst muß der Reiter den Gehorsam in der Einzelübung sicherstellen.

Über Gewöhnung an die Lanze s. R. V. S. 196 und 205.

Zur Gewöhnung an den Straßenverkehr benutzt man die warmen Jahreszeiten. Mitnahme zuverlässiger, älterer Führpferde ist zweckmäßig.

„Fehlerhaft ist es, ein ruhig gehendes Pferd durch plötzliches Verkürzen der Zügel und vermehrtes Anfassen schon von weitem auf jeden auffallenden Gegenstand aufmerksam zu machen und dadurch gleichsam zum Scheuen zu veranlassen. Ebenso falsch ist es, vor jedem furchterregenden Gegenstande halten zu bleiben und dem Pferde eine genaue Musterung zu gestatten. Der Reiter muß vor allem trachten, das Pferd in der Vorwärtsbewegung zu erhalten, ohne die Verbindung zwischen Hand und Pferdemaul aufzugeben. Niemals darf das Pferd gezwungen werden, gerade auf den Gegenstand seiner Furcht loszugehen; es muß ihm vielmehr gestattet werden, frühzeitig etwas seitlich auszubiegen. Ist das Pferd willig an dem Gegenstand vorübergegangen, so ist es sofort zu beloben. Stutzen in einer Abteilung die vorderen Pferde, so müssen die hinteren Reiter kurz entschlossen ihre Pferde vorwärts treiben. Ist ein Pferd vorüber, so folgen die anderen meist ohne Schwierigkeit nach." (R. V. S. 196.)

Um jungen Pferden die Furcht vor plötzlichen Bewegungen, wie Eisenbahn, übende Truppen, und lauten Geräuschen, wie Musik und Schießen, zu nehmen, läßt man sie zunächst in angemessener Entfernung davon arbeiten. „Bleiben die Pferde ruhig, so kann man sich allmählich nähern, doch ist es ratsam, erst dann zum Halten überzugehen, wenn sich die Pferde vollständig beruhigt haben." „Der Reiter muß jedes Erschrecken und Kehrtmachen des Pferdes zu vermeiden suchen, denn man braucht oft lange Zeit, einen solchen üblen Eindruck wieder zu verwischen." (R. V. S. 196, 197.)

„Nur dasjenige Pferd wird wirklich straßenfromm und truppensicher, von dem bei seiner ersten Erziehung nachteilige Eindrücke möglichst ferngehalten worden sind und das dabei niemals den Reiz des Ungehorsams kennengelernt hat." (R. V. S. 197.)

Über vorbereitende Übungen für Einstellung junger Pferde in die Truppe s. R. V. Kap. 37 und 41.

Dritter Teil.

Reitlehre.

23. Sitz und Haltung des Reiters.

Dem Sitz dienen als Grundlage die beiden Gesäßknochen und der Spalt. Das Gesäß ruht mit losgelassenen Muskeln in voller Breite auf dem Sattel.

Die Beine hängen aus dem losgelassenen Hüftgelenk natürlich herab und halten mit ihren ganzen inneren Flächen weiche Fühlung am Pferdeleibe. Für die Stetigkeit des Sitzes sind flache Lage des Oberschenkels, tiefes Knie und sicheres Umfassen des Pferdeleibes mit dem Unterschenkel von besonderer Bedeutung.

Die Fußspitzen sind in geringem Grade vom Pferde abgewendet. Der Fuß wird mit dem Ballen derart in den Bügel gesetzt, daß bei losgelassenem Fußgelenk die Sohle mit ihrer ganzen Breite die Trittfläche berührt. Die Absätze werden leicht herabgedrückt, damit die Wade sich etwas spannt und der Sporn nicht unbeabsichtigt den Pferdeleib berührt.

Die Länge der Bügel muß so bemessen sein, daß diese unter Beibehalt der oben geschilderten Schenkellage gleichsam durch die Schwere des Fußes auf den Ballen gehalten werden.

Der Oberkörper, vornehmlich auf den beiden Gesäßknochen ruhend, steht senkrecht über den Hüften, die bei mäßig angezogenem Kreuz nach vorn geschoben werden.

Der Kopf wird, ohne das Kinn nach vorwärts zu strecken, frei und aufrecht getragen.

Die Oberarme hängen, bei natürlich fallengelassenen und zwanglos zurückgenommenen Schultern, annähernd senkrecht herab und bilden mit den Unterarmen, deren mittlerer Teil sich mit der inneren Fläche leicht an den Leib lehnt, ungefähr einen rechten Winkel.

Die Hand wird leicht geschlossen und senkrecht mit dem mäßig gekrümmten Daumen nach oben so getragen, daß die äußere Fläche des Unterarmes mit dem Handrücken eine gerade Linie bildet.

Bei Führung auf Trense stehen die Hände annähernd zwei Handbreiten hoch über dem Widerrist, etwa
vier Fingerbreiten auseinander und eine Querhand vom
Leibe entfernt. Die Zügel werden unverdreht und gleich

Bild 9.

**Richtiger Sitz auf einem in richtiger Haltung
am Zügel stehenden Pferde.**

lang zwischen dem kleinen und Ringfinger so ergriffen, daß
die glatte Lederseite nach außen zeigt. Der übrigbleibende
Teil der Zügel wird nach dem Leibe des Reiters zu nach
innen und unten herabgeschlagen. Bei nicht durch eine
Schnalle geschlossenen Zügeln hängen ihre Enden über dem
zweiten Gelenk der Zeigefinger auf beiden Seiten außerhalb
der Zügel herab.

Bei Führung auf Kandare wird die linke Hand in gleicher Höhe wie auf Trense genau vor der Mitte des Unterleibes, senkrecht über dem Widerrist getragen. Die Kandarenzügel werden mit dem Ringfinger der linken Hand geteilt, das Ende dieser Zügel hängt über dem zweiten Gelenk des Zeigefingers aus der Hand nach rechts herab. Die Trensenzügel liegen über den Kandarenzügeln so in der vollen Hand, daß sie auf beiden Seiten gleich lang herunterhängen. Wird der Schieber benutzt, so befindet er sich hinter dem Ringfinger, andernfalls ist er bis an das Ende der Kandarenzügel zurückzuschieben*). Bei durchgezogenen Trensenzügeln wird der rechte Trensenzügel zwischen Mittel- und Zeigefinger hindurchgezogen, alle vier Zügel werden über das zweite Glied des Zeigefingers hinweg gelegt und hier vom Daumen gehalten.

Bei losgelassenen oder durchgezogenen Trensenzügeln hängt der rechte Arm natürlich von der Schulter herab; die Hand liegt hinter dem rechten Oberschenkel, ist leicht und zwanglos geöffnet und zeigt mit der inneren Fläche nach dem Pferdeleib.

Bei Führung mit angefaßter Trense bleibt die linke Hand vor der Mitte des Leibes, die rechte Hand steht etwa zwei Fingerbreiten daneben. Der rechte Trensenzügel wird wie bei Führung auf Trense gehalten.

Über Höhe der Handstellung und Winkel zwischen Ober- und Unterarm lassen sich völlig bindende Vorschriften weder bei Führung auf Trense noch bei Führung auf Kandare geben, da sowohl Gebäude und Dressurgrad des Pferdes als auch der Körperbau des Reiters gewisse Abweichungen bedingen.

Den beschriebenen Sitz soll der Reiter in allen Gangarten beibehalten. Dazu muß er mit seinem ganzen Körper weich in die Bewegungen eingehen und darf sich nirgends steifmachen. Das allein befähigt ihn auch, die Bewegungsaugenblicke richtig zu fühlen und die erforderlichen Hilfen rechtzeitig zu geben.

Auch im Trabe soll der Reiter, wenn er sich werfen läßt, mit dem Gesäß möglichst am Sattel bleiben. Ebenso muß

*) Die R. V. bestimmt, daß der Schieber sich nur beim Exerzieren, bei Waffenübungen und beim Reiten mit angefaßter Lanze in der Hand des Reiters befindet.

sich im Galopp das Gesäß dem Sattel anschmiegen. Dieses unbedingte „Am Sattel bleiben" wird dem Reiter um so besser gelingen, je zwangloser Rücken und Hinterhand des Pferdes federnd arbeiten.

Der Reiter soll den eigenen Schwerpunkt stets mit dem seine Lage wechselnden Schwerpunkt des Pferdes in Übereinstimmung erhalten. Die Sicherheit des Sitzes beruht vornehmlich auf der Fähigkeit des Reiters, dieser Forderung bei allen Bewegungen des Pferdes zu genügen.

Festes Schlußnehmen mit Oberschenkel, Knie und oberem Teil der Unterschenkel ist nur bei besonderen Veranlassungen, wie bei Paraden aus stärkeren Gangarten, beim Überwinden von Hindernissen, beim Waffengebrauch und bei Unarten des Pferdes geboten.

Unregelmäßiger Körperbau des Reiters und in falscher Form gehende Pferde können kleine Abweichungen im Sitz bedingen, um richtige Einwirkungen zu erzielen. Diese Abweichungen dürfen aber niemals zu einem im reiterlichen Sinne falschen Sitz oder zur Vernachlässigung der Haltung führen. Auch der in seine Arbeit vertiefte Reiter darf nicht vergessen, daß guter, vorschriftsmäßiger Sitz nicht nur eine notwendige Forderung der Soldatenreiterei ist, sondern auch Gang und Form des Pferdes wesentlich fördert. Ebenso muß der Reiter diesen Sitz, auch wenn er sich selbst überlassen ist, beibehalten.

Sitzfehler. Da der geforderte weiche, schmiegsame Sitz in erster Linie von richtiger Stellung der Wirbelsäule abhängig ist, wirken Fehler in der Haltung des Rückgrats am nachteiligsten. Ein zu stark angezogener, durchgebogener Rücken ist daher ebenso fehlerhaft wie ein zu sehr nachgelassener, gekrümmter Rücken. In gleicher Weise stört seitliche Verbiegung der Wirbelsäule, bei der der Reiter in einer Hüfte einknickt, den natürlichen Gleichgewichtssitz.

Verdrehen der Oberschenkel nach außen führt zum hohlen Knie, das sicheres Sitzen nicht gewährleistet. Übertriebenes Einwärtsdrehen der Oberschenkel und starr angepreßte Knie gefährden die Losgelassenheit des Reiters und schalten die Einwirkung der Unterschenkel aus. Krampfhaftes Einwärtsdrehen der Fußspitze entfernt die Wade vom Pferdeleibe,

Verdrehen nach außen schädigt die flache Oberschenkel= und Knielage.

Wenn auch die Länge der Bügel von der Beinlänge des Reiters und von der Art der Bewegungen des Pferdes ab= hängig ist, so darf doch beim dressurmäßigen Reiten der Schluß der Unterschenkel nicht durch zu kurze Bügel erstrebt werden. Andererseits erschweren zu lang geschnallte Bügel die Stetigkeit des Sitzes und die Schenkeleinwirkung. Zu kurze Bügel heben das Knie in falscher Weise und schieben das Gesäß nach hinten (Stuhlsitz). Zu lange Bügel nötigen den Reiter dazu, mehr auf dem Spalt als auf dem Gesäß zu sitzen (Spaltsitz).

Jede falsche Spannung im Sitz stört die Rückentätigkeit des Pferdes und erzeugt krampfhafte Bewegungen, die ihrer= seits wieder den Reiter veranlassen, sich vermehrt steif= zumachen. Harter Wurf im Trabe, klappendes und fliegendes Gesäß im Galopp sind die notwendigen Folgeerscheinungen.

24. Hilfen.

Die Einwirkungen des Reiters, durch die er dem Pferde seinen Willen kundgibt und es beherrscht, nennt man Hilfen. Die Folgsamkeit des Pferdes auf die Hilfen beruht nur zum geringsten Teil auf Zwang, sondern vorherrschend auf Ge= wöhnung. Daher müssen Reiter und Pferd die Art der Ver= ständigung erst lernen.

Der Reiter wirkt mit seinen Schenkeln, mit seinen Händen vermittels der Zügel und mit seinem Gewicht ver= mittels des Gesäßes und des darauf ruhenden Oberkörpers auf das Pferd ein.

Dementsprechend unterscheidet man Schenkel=, Zügel= und Gewichtshilfen oder spricht, je nachdem vortreibend oder verhaltend eingewirkt wird, von vortreibenden und ver= haltenden Hilfen. Die Gewichtshilfen nennt man, da sie nur in Verbindung mit anderen Hilfen wirksam werden, auch unterstützende Hilfen.

„Die Bedeutung der treibenden Hilfen steht hoch über der der verhaltenden. Das Losungswort heißt Vorwärts." (R. V. S. 42.)

Die Stärke der Hilfen wird bestimmt durch die Empfind= lichkeit des Pferdes, den Grad seiner Folgsamkeit und durch den beabsichtigten Zweck. Alle Hilfen müssen weich einsetzen und sich nach Bedarf steigern. Gleichmäßig kräftige Hilfen stumpfen das Pferd ab, grobe verderben es.

Richtige wohlabgemessene Hilfen kann der Reiter nur aus einem richtigen Sitz und nur dann geben, wenn er seinen Körper so in der Gewalt hat, daß nicht Teile desselben unbeabsichtigt fehlerhaft mitwirken.

Schenkelhilfen. Schenkelhilfen gibt man durch Drücken oder Klopfen mit dem Unterschenkel. Der Schenkel wirkt entweder v o r t r e i b e n d oder v e r w a h r e n d oder s e i t w ä r t s t r e i b e n d. Die Art der Wirkung wird zum Teil durch die Lage des Unterschenkels bestimmt. Je näher er dem Gurt liegt, desto mehr regt er den gleichseitigen Hinterfuß zum Vortreten an; weiter zurück liegend übt er, je nach der Stärke der Einwirkung entweder eine verwahrende oder eine seitwärtstreibende Tätigkeit aus, indem er den Hinterfuß entweder am Verlassen des Hufschlages hindert oder ihn dazu veranlaßt.

Für richtige Schenkelhilfen ist es von Wichtigkeit, daß der Reiter die Augenblicke erfühlt, in denen der Hinterfuß sich vom Boden abfußt. Denn gerade in diesen Augenblicken wirkt der einzelne Schenkel auf den gleichseitigen Hinterfuß besonders anregend. Das Pferd holt sich bei richtigem Sitz des Reiters diese Anregungen von den Unterschenkeln gewissermaßen selbst, indem die beim Vortreten des Hinterfußes voller werdende Rumpfseite stärkere Fühlung mit der Wade nimmt. Diese Augenblicke muß der Reiter gegebenenfalls für seine Einwirkungen durch verstärkten einseitigen Druck ausnutzen.

Vorübergehend kann auch kräftiges Andrücken beider Waden notwendig sein, namentlich um ein Pferd zu entschiedenerem Vorwärtsgehen zu bewegen oder bei Paraden.

Gebrauch der Sporen. Die Sporen dienen zur Verstärkung der Schenkelhilfen bei Pferden, die die Schenkelwirkung nicht genügend beachten. Auch werden sie als Aufforderung zu größter Kraftanstrengung und als Strafe gebraucht.

„Alle Verstärkungen der Schenkelhilfen mit den Sporen erfordern unabhängigen Sitz und feines Reitergefühl." (R. V. S. 53.) Die Schenkel müssen vorher bereits von oben bis unten in sicherer Verbindung mit dem Pferdeleib sein und dürfen

beim Gebrauch der Sporen ihre Lage nicht verändern. Ein=
setzen des Sporns in die Flanke ist fehlerhaft und unbedingt
zu vermeiden.

„Dem vortreibenden Schenkel wird dadurch mehr Nach=
druck verliehen, daß der Sporn in fühlbarer Weise die Stelle
bezeichnet, unter die der gleichseitige Hinterfuß vortreten soll.
Die Wirkung des verwahrenden Schenkels kann durch flaches,
weiches Anlegen des Sporns ebenfalls gesteigert werden.“
(R. V. S. 52 und 53.) Ein solches geschicktes Fühlenlassen
des Sporns führt auch bei älteren Pferden, die sich im Hals
und Genick gegen die Hand des Reiters steifen, am schnellsten
zur Nachgiebigkeit.

„Soll der Sporn das Pferd zur größten Kraftanstrengung
veranlassen oder als Strafe dienen, so erhält das Pferd dicht
hinter dem Gurt, meist mit beiden Sporen, einen oder
mehrere Stiche an derselben Stelle. Widersetzt sich das Pferd
einem Schenkel, so wird der einseitige Sporn gebraucht.“
(R. V. S. 53.)

Ein ungerecht oder nur aus Ärger gegebener Spornstich
stört das Verständnis zwischen Reiter und Pferd. Anderer=
seits muß der Spornstoß, wenn nötig, deutlich und entschlossen
gegeben werden.

Niemals darf der Reiter beim Gebrauch der Sporen seine
Oberkörperhaltung verändern oder durch rückwärts wirkende
Hände gleichzeitig die durch den Spornstoß hervorgerufene
Vorwärtsbewegung störend behindern. Er muß diese viel=
mehr durch weiches Mitgehen mit Hand und Sitz unterstützen.
Auch ist es falsch, mit den Unterschenkeln gleichsam zum Stoß
auszuholen.

Zügelhilfen. Da die Einwirkungen der Zügel nicht nur
Gangmaß und Gangart, sondern auch die Richtung, in der
das Pferd geht, bestimmen, so bezeichnen wir ihre gesamte
Tätigkeit mit Führung. Die Kunst guter Führung beruht
auf dauernder Erhaltung der Verbindung zwischen Reiter=
hand und Pferdemaul. Sie ist nur bei unabhängigem,
weichem und stetem Sitz sowie bei richtig gestellter und ge=
formter Hand gewährleistet.

Vorbedingung für den Gehorsam auf die Zügelhilfen
ist Durchlässigkeit des Pferdes in Genick, Hals und Rücken.

Das durchlässige Pferd geht, willig den Zügeleinwirkungen folgend, auch in den kürzesten Tempos entschlossen vorwärts an die Hand heran und gibt so dem Reiter stets das Gefühl einer unbedingt sicheren, weichen Verbindung zwischen Hand und Pferdemaul, die man Anlehnung nennt. Man sagt daher von ihm: es steht am Zügel.

Fehlerhaft ist die Anlehnung, wenn das Pferd eine Stütze in den Zügeln sucht und sich auf die Hand legt, oder sich durch Gegendrücken nach vorwärts-aufwärts gegen die Hand wehrt. Jenes ist auf dem Zügel, dieses geht gegen den Zügel. Nimmt ein Pferd das Gebiß nicht an und entzieht sich der Anlehnung durch Ausweichen des Kopfes und Zusammenrollen des Halses nach rückwärts, so ist es hinterm Zügel.

Die Stärke der Anlehnung kann nicht immer die gleiche sein; sie wechselt mit der Stärke der Gangart und des Gang= maßes. Je kürzer und versammelter die Gangart, um so leichter wird die Anlehnung. In freieren Gängen dagegen wird sie fester. Immer aber soll sie federnd bleiben und nicht hart werden.

An Zügelhilfen unterscheidet man: Die durch= haltende, die annehmende und die nachgebende Zügelhilfe.

Die durchhaltende Zügelhilfe besteht darin, daß die auf ihrem Platz verbleibenden Hände fest geschlossen werden und den vermehrten Druck zeitweise aushalten. Für die durchhaltende Zügelhilfe ist das angespannte Kreuz des Reiters Vorbedingung. Er muß sein Kreuz gleichsam an die Hand heranspannen. Diese Hilfe ist die erste und wichtigste, die man dem jungen Reiter lehren muß. Sie beugt am besten fehlerhafter Zügeleinwirkung nach rückwärts vor und findet daher auch bei der Dressur junger Pferde in der ersten Zeit vorherrschend Anwendung. Man gebraucht sie bei allen Übergängen in eine kürzere Gangart oder in ein kürzeres Gangmaß sowie zur Verbesserung der Haltung des Pferdes. Ist der beabsichtigte Zweck erreicht, so muß die Hand des Reiters sich wieder öffnen und leicht werden.

Die annehmende Zügelhilfe wird durch festeres Schließen und Eindrehen der Hände ausgeführt; die mittleren Fingergelenke nähern sich dem Leibe, die kleinen

Finger steigen nach aufwärts*). Bei stärkeren Einwirkungen muß sich der Arm an der Bewegung beteiligen. Annehmende Zügelhilfen müssen stets von treibenden Einwirkungen unterstützt werden.

Für die Einleitung der einseitigen annehmenden Zügelhilfe ist der Augenblick der beste, in dem der Hinterfuß sich, kurz ehe er auffußt, über dem Boden befindet.

Die **nachgebende Zügelhilfe** entsteht durch leichtes Öffnen der Hand und durch Entfernen der mittleren Fingergelenke vom Leibe, wobei die kleinen Finger sich dem Pferdemaul nähern, oder durch vorübergehendes Vorgehen der ganzen Hand. Diese Hilfe wird außer zur Beendigung der durchhaltenden oder annehmenden Zügelhilfe noch angewandt, um dem Pferde die nötige Freiheit zum Antreten oder zur Beschleunigung der Bewegung zu geben. Vorgehen des ganzen Armes und Durchgleitenlassen der Zügel sind notwendig, wenn dem Pferde gestattet werden soll, den Hals lang zu machen.

Eine nur einseitige annehmende Zügelhilfe wirkt biegend und wendend. Die zur Begrenzung der Biegung sowie zur richtigen Ausführung der Wendung notwendige durchhaltende Gegenwirkung des anderen Zügels nennt man **verwahrende Zügelhilfe**. Sie kann bis zum Annehmen gesteigert werden.

„**Die Hand muß bei allen Hilfen auf ihrer Seite bleiben; Hinüberdrücken über den Widerrist ist fehlerhaft.**" (R. V. S. 47.)

Zu lange Zügel verführen den Reiter dazu, sich zu weit zurückzulehnen oder den Leib einzuziehen und das Gesäß zu lüften. Der Reiter muß daher rechtzeitig nachgreifen und darf nicht etwa durch krampfhaftes Zusammenpressen der Hände das Durchgleiten der Zügel zu verhindern suchen.

Die Wirkung der Zügelhilfen kann durch zeitweises Höher- oder Tieferstellen sowie durch weiteres Auseinanderstellen der Hände unterstützt werden.

Höherstellen verstärkt die hebelartige Wirkung der Zügelanzüge auf Rücken und Hinterhand, Tieferstellen erhöht ihre

---

*) Das Steigen der kleinen Finger nach aufwärts findet fast ausschließlich beim Reiten auf Kandare, namentlich bei Führung mit losgelassener Trense Anwendung.

beizäumende Wirkung. Niemals aber darf man beim Tiefer=
stellen mit der Hand nach unten drücken. Weiteres Ausein=
anderstellen der Hände verhindert seitliches Ausweichen der
Hinterfüße und dient zur Überwindung seitlicher Widerstände
im Genick.

Um zu prüfen, ob ein Pferd sich in freieren Gängen selbst
trägt, sowie zur Beruhigung heftiger Pferde streicht man mit
der Zügelhand, am Mähnenkamm entlang gehend, über den
Hals. Sehr wirksam ist taktmäßiges Überstreichen beim
Leichttraben in dem Augenblick, wenn das Gesäß den Sattel
berührt, sowie im Galopp im Takt des Sprunges.

Zur Erzielung gleichmäßiger Anlehnung an beide Zügel,
zur Überwindung besonderer Schwierigkeiten in Hals und
Genick kann es sich bei Zäumung auf Kandare emp=
fehlen, vorübergehend mit geteilten Zügeln zu reiten.
Zur sicheren Beherrschung des Pferdes bei Überwindung schwie=
riger, unbekannter Hindernisse, namentlich im Gelände, sowie
zur Erzwingung des Gehorsams bei widersetzlichen Pferden
ist diese Zügelführung die Regel.

„Die fehlerhafte Neigung der meisten
Reiter, zu viel mit den Händen und zu wenig
mit Schenkel= und Gewichtshilfen einzu=
wirken, muß dauernd bekämpft werden.“
(R. V. S. 51.)

Gewichtshilfen. Gewichtshilfen nennt man die durch
das Gesäß dem Pferde übermittelten Einwirkungen des Ober=
körpers. Man bezeichnet sie daher auch mit „Sitzhilfen“. Sie
unterstützen die Schenkel= und Zügelhilfen und machen diese
dem Pferde verständlicher.

Für richtige Wirkung der Gewichtshilfen ist Vor=
bedingung, daß der Reiter mit seinem Gesäß am Sattel bleibt,
und seine Schwerlinie mit der des Pferdes zusammenfällt.
Dies ist beim im Gleichgewicht gehenden Pferde der Fall,
wenn er seinen Oberkörper senkrecht hält. Jedes bewußte
Abweichen aus dieser Richtung äußert sich als Gewichtshilfe.

Zurücknehmen des Oberkörpers wirkt belastend auf
Rücken und Hinterhand und zugleich treibend. Wirkt der
Zügel gleichzeitig verhaltend, so tritt die belastende Wirkung
mehr in den Vordergrund. Geschieht dies nicht, so kommt
die treibende Wirkung mehr zur Geltung.

Vorneigen des Oberkörpers wirkt entlastend auf Rücken und Hinterhand und zugleich verhaltend.

Auf die Wirkung der Gewichtshilfen übt außerdem die Stellung des Rückgrats entscheidenden Einfluß aus, da sich die unmittelbare Einwirkung des Gesäßes mittels der beiden Sitzknochen verschieden gestaltet, je nachdem das Rückgrat durch Anspannen der Kreuz= oder der Bauchmuskeln gestreckt oder gekrümmt wird.

Vermehrtes Anspannen der Kreuzmuskeln ist z. B. er= forderlich, um Widerstreben des Pferdes im Rücken zu über= winden, wohingegen zeitweises Krümmen des Rückens und Anspannen der Bauchmuskeln auf Pferden notwendig wird, die das Vorwärtsgehen verweigern.

„Die Einwirkungen mit dem Kreuz spielen beim Reiten eine wesentliche Rolle. Nur ein Reiter, der sein Kreuz nach Bedarf anzuspannen vermag, ist imstande, richtig auf sein Pferd einzuwirken." (R. V. S. 63.)

Verlegung des Reitergewichts nach der Seite wirkt wendend. Diese Hilfe wird durch vermehrte Belastung eines Gesäßknochens herbeigeführt, wodurch die gleichseitige Hüfte sich senkt, und das Knie eine tiefere Lage erhält.

Vermehrtes Sitzen nach innen tritt schon dadurch ein, daß der Reiter sich mit seinem Oberkörper oberhalb der Hüften etwas nach der inwendigen Seite dreht. Diese Hilfe wendet man beim Reiten mit Biegung und bei allen Wen= dungen an. Sie bewirkt auch von selbst die für diese Übungen erforderlichen richtigen Zügelhilfen, da entsprechend der Drehung der Schultern auch die Hände ihre Stellung ver= ändern; beide rücken nach innen, und dabei geht die inwendige Hand etwas zurück, die auswendige etwas vor. Dadurch entfernt sich der innere Zügel vom Halse, der äußere legt sich an ihn an. Für richtige Ausführung dieser wendenden Ge= wichtshilfe ist es jedoch von ausschlaggebender Bedeutung, daß die Hüften des Reiters nicht der Bewegung der Schultern folgen. Denn wie diese die Stellung der Hände bestimmen, so bestimmen die Hüften die Lage der Schenkel. Entsprechend der beim Reiten mit Biegung und bei allen Wendungen erforder= lichen vorgeschobenen Lage der inwendigen und zurückge= nommenen Lage des auswendigen Schenkels muß daher auch die innere Hüfte vorgeschoben, die äußere zurückgenommen werden. In der Fähigkeit des Reiters, diese Körperhaltung, die man auch den gebogenen Sitz nennt, jederzeit anzu-wenden, liegt sozusagen das Geheimnis richtiger Einwirkung und Gewichtsverteilung bei allen reiterlichen Übungen, die mit Längsbiegung des Pferdes geritten werden müssen.

Fehlerhaft ist es, in der Hüfte einzuknicken, da hierdurch eine Gewichtsverlegung nach der falschen Seite entsteht.

25. Zusammenwirken der Hilfen.

„Nur durch das Zusammenwirken der verschiedenen Schenkel-, Zügel- und Gewichtshilfen wird die von der Dressur angestrebte Haltung und Gangleistung des Pferdes und seine Beherrschung im Gebrauch erreicht." (R. V. S. 53.) Der Erfolg liegt in der Fähigkeit des Reiters, stets die er-forderlichen Hilfen zu erkennen und sie, richtig gegeneinander abgemessen, geschickt zur Wirkung zu bringen.

a) An die Zügel stellen.

An die Zügel stellen heißt, das Pferd derartig von hinten nach vorn heranschieben, daß zwischen Reiterhand und Pferde-maul eine unbedingt sichere Verbindung besteht, die man An-lehnung nennt. Die dabei vom Pferde zu fordernde Haltung wird sich je nach seinem Dressurgrad sowie nach Gangart und Gangmaß verschieden gestalten.

Im Halten stellt der Reiter das Pferd an die Zügel, indem er es mit beiden Schenkeln bei angespanntem Kreuz gegen die leicht aushaltende Hand vordrückt, bis es die Hinterbeine heranstellt und auf dem Gebiß kaut (s. Bild 9). Die dabei zu fordernde Stellung von Kopf und Hals richtet sich nach dem Dressurgrad und nach dem Gebäude des Pferdes. Ausweichen eines Hinterfußes nach seitwärts oder rückwärts muß der gleichseitige Schenkel, Vortreten eines Vorderfußes der gleichseitige Zügel verhindern. Dem Unterkriechen mit den Vorderfüßen ist durch drückende Schenkelhilfen am Gurt bei höher gestellten Händen, dem Drängen auf die Zügel durch Vor-holen der Hinterbeine bei durchhaltenden Händen zu begegnen.

„Das richtig an die Zügel gestellte Pferd gibt dem Reiter die Empfindung eines weichen, die vier Beine gleichmäßig belastenden Sitzes." (R. V. S. 56.)

Im Gange stellt der Reiter das Pferd mit denselben Hilfen erneut an die Zügel, sobald es nicht mehr kaut, sich verhält oder vom Zügel fortbleibt. Pferde, die die entschiedene Vorwärtsbewegung verweigern, müssen durch lebhaft vortreibende Hilfen an die Hand herangetrieben werden.

Durch eingehende Unterweisung im Andiezügelstellen wird das Verständnis für das Zusammenwirken der Hilfen und damit das Reitergefühl wesentlich gefördert.

b) Beizäumen.

Unter Beizäumen versteht man die Tätigkeit des Reiters, durch die er dem Pferde Nachgiebigkeit im Hals und Genick abgewinnt. Er wiederholt dazu die beim Andiezügelstellen beschriebenen Hilfen, bis das Pferd die erforderliche Hals- und Genickbiegung hergibt, indem es sich vom Gebiß abstößt und mit geschlossenem Maul kaut. In dem Augenblick, wo das Pferd nachgibt, muß auch die Hand leicht werden.

Ältere Pferde werden am schnellsten durch geschicktes Fühlenlassen des Sporns zum Nachgeben im Genick gebracht. Dabei muß aber die vorwärtstreibende Wirkung der Hilfen bestimmt zum Ausdruck kommen. Daher empfiehlt es sich, den Widerstand nicht im Halten, sondern zunächst im verkürzten Schritt, dann in einem gemäßigten Trabe zu überwinden.

„Bei jedem Widerstreben des Pferdes ist die Vorwärtsbewegung der beste Verbündete des Reiters." (R. V. S. 58.)

Um seitliches Ausweichen der Hinterfüße zu verhindern, ist breitere Führung oft vorübergehend geboten. Auch kann tiefere Stellung der Hände von Vorteil sein. Jedes Herunterdrücken mit den Händen ist jedoch falsch und veranlaßt das Pferd nur zu vermehrtem Stemmen gegen die Zügel. Geringe Kopfstellung nach einer Seite ist für die willige Hergabe des Genicks von Nutzen.

Der Reiter muß dauernd beherzigen, daß Hals- und Genickbiegung nicht mit den Zügeln erzwungen werden dürfen, sondern das Ergebnis der an die aushaltende Hand herantreibenden Hilfen sein müssen.

c) Aufrichten.

Aufrichten nennt man diejenigen Einwirkungen, durch die Hals und Kopf des Pferdes höher gestellt werden. Die Aufrichtung wird in erster Linie durch Biegung der Hinterhand erstrebt. Sie findet sich allmählich in dem Grade, wie die Hinterhand durch Aufnahme der Gewichtsmasse die Vorhand entlastet. Die Hand wirkt dabei nur unterstützend und hat die Aufgabe, die Hebelwirkung von Kopf und Hals auf Rücken und Hinterbeine zu sichern, um diese durch Belastung zu biegen. Die durch die Aufrichtung verbesserte Gleichgewichtshaltung des Pferdes kommt in zwanglos federnder Tätigkeit der Hinterbeine und in erhabeneren Bewegungen der Vorderbeine zum Ausdruck.

Die aufrichtenden Einwirkungen der Hand bestehen in höherer Führung, wobei die Hände entweder nur durchhalten oder aufwärts steigend annehmen. Sie müssen stets mit vortreibenden, die Hinterfüße vorholenden Hilfen verbunden sein.

Zum Aufrichten auf der Stelle sind zunächst zur richtigen Belastung der Hinterhand die Hinterfüße so heranzustellen, daß sie etwa senkrecht unter den Hüften stehen, und dann auf diesem Platze festzuhalten. Im Gange richtet sich der Grad der Aufrichtung von Kopf und Hals, abgesehen vom Dressurgrade, nach der Stärke des Gangmaßes. Auch muß das Gebäude des Pferdes dabei berücksichtigt und namentlich bei weichem Rücken und schwacher Hinterhand nur wenig Aufrichtung verlangt werden. „Regelmäßigkeit und Schwung des Ganges geben den besten Prüfstein für das Maß der Aufrichtung." (R. V. S. 61.)

Bei Pferden, die sich in geringem Grade zu tief zäumen, genügt meist kräftiges Herantreiben an die durchhaltenden, höher gestellten Hände, sie zum Vornehmen der Nase und zum Längermachen des krausen Halses zu bringen. Es beseitigt in Verbindung mit dem den Händen als Rückhalt dienenden Kreuz, dessen Muskeln die Wirbelsäule zeitweise durch vermehrte Anspannung feststellen und das Gesäß dadurch mit stärkerem Druck auf den Rücken des Pferdes wirken lassen, auch am besten die häufig mit zu tiefer Stellung verbundenen krampfhaften Spannungen der Rückenmuskeln.

Überzäumt sich ein Pferd derart, daß die Zügelanzüge nicht mehr durch den Rücken zur Hinterhand, sondern schräg aufwärts über den Widerrist hinweggehen, so muß der Reiter zunächst durch wiederholte halbe Paraden mit steigenden Händen Hals und Kopf des Pferdes hochnehmen und ihm nicht mehr gestatten, sich auf die Hand zu stützen. Tätige Mitwirkung der Schenkel ist dabei geboten. Demnächst ist durch Vorwärtsreiten an die wieder tiefer gestellten Hände der Hals zum Heranstrecken an die Hand zu bringen und in der so erzielten freien Kopf- und Halsstellung die nötige Genickbiegung wiederzugewinnen.

In der Fähigkeit des Reiters, beizäumende und aufrichtende Hilfen fein gegeneinander auszugleichen, kommt sein Reitergefühl am klarsten zum Ausdruck.

d) Schritt, Trab, Galopp. Entwicklung der Gangarten. Übergänge.

In allen drei Gangarten des Pferdes, im Schritt, Trab und Galopp, gibt es verschiedene Gangmaße (Tempos), die sich durch den Grad der Versammlung und die dadurch bedingte Länge der Tritte oder Sprünge des Pferdes voneinander unterscheiden und daher mehr oder minder kurz oder stark sind. Man nennt das Gangmaß versammelt oder abgekürzt, mittel oder frei und verstärkt oder stark.

Schritt ist eine schreitende Gangart, bei der die Beine sich nacheinander in diagonaler Reihenfolge vorbewegen; er hat also vier Takte. Werden nicht die diagonalen Beinpaare nacheinander, sondern die gleichseitigen gleichzeitig vorwärts bewegt und niedergesetzt, so entsteht eine fehlerhafte Gangart, der Paß.

Man unterscheidet den Schritt am Zügel, den freien Schritt und den langen Schritt*).

Im Schritt am Zügel soll das Pferd versammelt, mit gesenkter Hinterhand und aufgerichteter Vorhand bei hergegebenem Genick in wenig raumgreifenden, aber ausgeprägten, reinen Tritten entschlossen am Zügel vorwärts gehen.

---

*) Die R. V. kennt zwar diese Schrittarten nicht, wendet aber außer dem freien Schritt, bei dem 125 Schritt in der Minute zurückgelegt werden sollen, auch den versammelten Schritt und den Schritt mit hingegebenen Zügeln an.

Der freie Schritt soll fleißig, raumgreifend und gleichmäßig sein; die Hinterfüße treten etwa in die Hufspuren der Vorderfüße. Das Pferd muß dabei in ungezwungener Haltung am leicht anstehenden, aber längeren Zügel zwanglos vorwärtsschreiten.

Im langen Schritt muß das Pferd in freier, ungezwungener Haltung mit langgestrecktem Halse und vorgenommener Nase mit möglichst raumgreifenden, eifrigen Tritten, ohne zu eilen, viel Boden gewinnen. Der Reiter läßt die Zügel dazu ganz durchgleiten.

„In keiner Gangart kommen fehlerhafte Zügeleinwirkungen des Reiters und körperliche Schwächen des Pferdes so deutlich durch ungleichmäßige Fußfolge zum Ausdruck wie im Schritt." (R. V. S. 173.) Vor allen Dingen schädigt zu enge Versammlung die Geräumigkeit des Schrittes, die im Gebrauch besonders wichtig ist. Auch verkriechen sich die Pferde im Schritt leicht hinter den Zügel. Der versammelte Schritt am Zügel darf daher immer nur kurze Zeit, und von jungen Pferden und jungen Reitern sogar nur auf wenige Tritte gefordert werden. Er findet daher nur bei versammelnden Übungen, wie Reiten in Stellung, Schenkelweichen oder Seitengängen Anwendung. Bei diesen Übungen darf das Pferd unter keinen Umständen zu frei treten. Deshalb empfiehlt es sich beim Reiten in der Abteilung vor Beginn solcher Übungen ausdrücklich „Schritt am Zügel" oder „versammelter Schritt" und nach Beendigung wieder „freier Schritt" zu kommandieren.

In den Arbeitspausen ist „langer Schritt" zu reiten, damit das Pferd die ermüdeten Halsmuskeln ausruhen kann. Er bildet einen Prüfstein für die Richtigkeit der vorangegangenen Arbeit. Pferden, die dabei mit dem Kopf schlagen oder nach unten stoßen, ist im Hals und Genick wehgetan worden. Damit im langen Schritt die Tritte fleißig bleiben, müssen die Reiter dazu erzogen werden, auch bei hingegebenem Zügel ihre Pferde mit Sitz und Schenkel lebhaft vorwärtszutreiben.

Zum Anreiten im Schritt schiebt der Reiter das an die Zügel gestellte Pferd mit Sitz und Schenkeln in die Vorwärtsbewegung hinein. Die Hände müssen, ohne die Anlehnung aufzugeben, so viel nachgeben, daß das Pferd frei antreten kann. Zackelnde Pferde müssen nicht mit der Hand verhalten, sondern erst durch vortreibende Hilfen an die Zügel gebracht und dann zum Schritt pariert werden.

Der Übergang zum Schritt aus höheren Gangarten erfolgt durch eine halbe Parade.

Im **Trabe** werden zwei diagonale Beine gleichzeitig vorbewegt; die Beinpaare treten wechselseitig, so daß die Bewegung nur zwei Takte hat. Da das vorschwingende Beinpaar den Boden etwas später erreicht, als ihn das abschiebende Paar verläßt, entsteht dazwischen ein Augenblick der freien Schwebe. Die Gangmaße des Trabes sind: Arbeitstrab, abgekürzter, Mittel- und starker Trab.

Der **Arbeitstrab** ist dasjenige Gangmaß des Trabes, in dem man ein Pferd am andauerndsten arbeiten kann. Er entwickelt sich aus dem natürlichen Trab des Pferdes. In der Abteilung ist der Arbeitstrab so zu bemessen, daß jedes Pferd in geräumigen Tritten vorwärts zu gehen vermag und auch ohne Übereilung mitkommen kann. Beim Einzelreiten muß das Gangmaß unter Berücksichtigung des Dressurgrades des einzelnen Pferdes dem zeitweiligen Dressurzweck angepaßt werden.

Im **abgekürzten Trabe** soll das Pferd erhabene und wenig raumgreifende Tritte machen. Indem es mit den Hinterbeinen bei gebogenen Hanken vermehrt Last aufnimmt, trägt es sich höher und verbindet höchste Versammlung mit völliger Durchlässigkeit. Die Hinterbeine müssen ebenso lebhaft treten wie im Mitteltrabe und dürfen nicht schleppen. Schwebende Tritte sind ein Zeichen falscher Spannung und müssen sofort durch vermehrtes Vortreiben und Herauslassen des Trittes unterdrückt werden. Häufig genügt zur Beseitigung dieser Fehler auch schon eine geringe Schultherhereinstellung.

Der abgekürzte Trab darf, namentlich bei jungen Reitern, niemals zu kurz und nicht zu andauernd geritten werden. Er wird namentlich beim Reiten in Stellung und bei den Seitengängen angewendet.

Der **Mitteltrab** *) dient zur Ausbildung der Schubkraft der Hinterhand und ist der beste Prüfstein für eine

---

*) Die R. V. fordert, daß im Mitteltrab 300 Schritt in der Minute zurückgelegt werden.

gute Reitausbildung. In ihm müssen Schwung und gute
Selbsthaltung des Pferdes zum Ausdruck kommen. Der
kräftige Abschub der unter der Last fußenden und sie in ge=
bogener Stellung aufnehmenden Hinterbeine befähigt das
Pferd zu leichtem Abfedern und freiem Erheben der Vorder=
beine. Treten die Hinterfüße dabei in die Spuren der
Vorderfüße, so ist dies ein sicheres Zeichen dafür, daß das
Pferd sich unter dem Reiter im Gleichgewicht trägt.

Im **starken Trabe** müssen die Tritte infolge der voll in
Anspruch genommenen Schubkraft der Hinterbeine noch raum=
greifender und kraftvoller werden als im Mitteltrabe; sie
dürfen aber nicht übereilt sein, sondern müssen gleichsam all=
mählich wachsen. Trotz des weiteren Rahmens, in dem sich
das Pferd bewegt, und der etwas bestimmter werdenden
Anlehnung, dürfen Selbsthaltung und Durchlässigkeit nicht
verlorengehen. Stürmt ein Pferd mit gestrecktem Hals
vorwärts und wirft sich auf die Hand, so ist der starke Trab
fehlerhaft. Ungleiches Erheben der Vorderbeine zeugt von
ungleichmäßigem Nachschub der Hinterbeine und ungleich=
mäßiger Anlehnung. Das Pferd darf im starken Trabe auch
nicht mit den Hinterfüßen breit auseinander treten oder
mit ihnen in die Vordereisen klappen. Zeigen sich diese
Fehler, so muß das Gangmaß sofort verkürzt und die Haltung
des Pferdes erst verbessert werden.

Um die Rückentätigkeit des Pferdes nicht durch harten
Wurf zu stören, kann es sich bei der Ausbildung des starken
Trabes empfehlen, leicht zu traben. Andererseits läßt das
weiche Amsattelbleiben im starken Trabe klar erkennen, daß
die Rückenmuskeln des Pferdes zwanglos arbeiten.

Der starke Trab darf nur auf geraden Linien und daher
in der Bahn nur auf den langen Seiten geritten werden.

Zum A n t r a b e n werden dieselben Hilfen gegeben wie
zum Anreiten im Schritt. Sitz und Hand müssen weich in
die stärkere Bewegung eingehen, damit das Pferd am Zügel
bleibt und seine gute Haltung beibehält. Beim durchgerit=
tenen Pferde muß gleich der erste Tritt ein Trabtritt sein.
Galoppiert ein Pferd statt zu traben, so muß der Reiter es
erst mit stark vortreibenden ·Hilfen durch einen schwung=
volleren Galopp an die Zügel bringen und dann parieren.

Im Trabe liegen die Einwirkungen des Reiters ge=

wissermaßen im richtigen, zwanglosen Sitz. Tätiges Ein=
greifen ist nur nötig, wenn Haltung und Schwung nachlassen.

Zum **Verstärken** des Trabgangmaßes treiben die
Schenkel, ohne zu stoßen, das Pferd bestimmter vorwärts.
Die Trabritte müssen ganz allmählich länger werden, damit
der Übergang fließend und nicht übereilt erfolgt. Ohne in
den Zügeln zu hängen, läßt die Hand, trotz der etwas be=
stimmter werdenden Anlehnung, die freieren Tritte heraus.
Je freier das Gangmaß, um so mehr muß der Reiter in
die Bewegung mitgehen.

Die zum **Verkürzen** des Trabes notwendigen
Hilfen ergeben sich aus dem Abschnitt: Paraden.

Beim **Leichttraben** sitzt der Reiter nicht jeden Tritt des
Pferdes aus, sondern fängt mit Knie und Bügel je einen
Trabritt auf, um erst wieder nach dem folgenden Tritt mit
dem Gesäß voll in den Sattel zu kommen. Je nachdem dies
in dem Augenblick erfolgt, wo entweder der rechte oder der
linke Hinterfuß auftritt, sagt man, daß der Reiter auf dem
rechten oder linken Hinterfuße trabt.

„Beim Reiten in der Bahn wird stets auf dem inwen=
digen Hinterfuß getrabt, weil nur der durch den inneren
Schenkel zum weiten Vortritt veranlaßte innere Hinterfuß
beim Wenden in den Ecken die Körperlast richtig zu stützen
vermag." (R. V. S. 63.)

Fußwechsel wird derart vorgenommen, daß der Reiter
zwischen dem Leichttraben einen oder eine ungerade Zahl
von Tritten aussitzt. Er ist außer beim Handwechsel in der
Bahn auch auf längeren Ritten notwendig, um nicht eins
der beiden über Kreuz befindlichen Fußpaare vermehrt an=
zustrengen. Das Pferd pflegt dem Reiter fast immer den=
selben Hinterfuß zum Leichttraben anzubieten.

Um beim Leichttraben möglichst am Sattel zu bleiben,
muß der Reiter, bei aufrechtem Oberkörper, Hüften und
Gesäß gut nach vorwärts schieben und mit den Unterschenkeln,
bei federnden Knie= und Fußgelenken, dauernd am Pferde
bleiben. Bei geringer Stellung des Pferdes nach innen muß
der innere Schenkel den gleichseitigen Hinterfuß zum Unter=
treten anregen.

Falsch ist es, das Gesäß künstlich und mehr aus dem Sattel
zu nehmen, als unbequemer Gang des Pferdes es noch hoch=

wirft. Auch darf der Reiter weder vornüberfallen und das
Gesäß mit losem Kreuz nach hinten herausschieben noch die
Zügel hängen lassen und die Schenkel steif absperren.

„Ein gleichmäßig bequemes Gefühl beim Traben auf
dem rechten wie dem linken Hinterfuße gibt dem Reiter den
Beweis für die gleichmäßige Ausbildung beider Seiten des
Pferdes." (R. V. S. 64.)

Gut ausgeführtes Leichttraben trägt durch die dabei ver=
minderte stoßende Gewichtseinwirkung wesentlich zur Scho=
nung von Reiter und Pferd bei.

Der **Galopp** setzt sich aus einer Reihe einander unmittel=
bar folgender Sprünge zusammen, zwischen denen das Pferd
sich einen Augenblick im freien Schweben befindet. Nach
diesem fußt zunächst der auswendige Hinterfuß, darauf aus=
wendiger Vorder= und inwendiger Hinterfuß (die auswen=
dige Diagonale) gleichzeitig und zuletzt der innere Vorderfuß.
Dementsprechend kennzeichnet der richtige Galopp sich durch
drei Hufschläge; er hat also drei Takte. Der während eines
Galoppsprungs am weitesten vorgreifende Vorderfuß gibt
dem Galopp den Namen, und man sagt dementsprechend, das
Pferd galoppiert rechts oder links.

Auch im Galopp werden Arbeitsgalopp, abgekürzter,
Mittel= und starker Galopp unterschieden.

Der Arbeitsgalopp entwickelt sich aus dem natür=
lichen Galopp des Pferdes. Für ihn gibt es kein bestimmtes
Gangmaß; es sollen darin Ruhe, Losgelassenheit und Gleich=
gewicht zum Ausdruck kommen. Er findet beim Eingalop=
pieren junger und schwieriger älterer Pferde sowie bei der
Ausbildung junger Reiter Anwendung.

Der Mittelgalopp*) nötigt das Pferd zu ver=
mehrter Rückentätigkeit und Biegung der Hinterhand. Der
Galoppsprung muß geräumig und gleichmäßig sein.

Im abgekürzten Galopp muß das Pferd mit
den Hinterbeinen bei gebogenen Hanken die Last vermehrt
tragen und bei jedem Sprunge wieder kräftig abschwingen.
Die Sprünge sollen sich nicht langsamer folgen, sondern den
gleichen Takt behalten wie im Mittelgalopp. Sie müssen
aber erhabener und weniger raumgreifend werden.

---

*) Die R. V. fordert, daß im Mittelgalopp 350 Schritt in der
Minute zurückgelegt werden.

Der abgekürzte Galopp fördert die Biegsamkeit der Hinterhand am meisten, gibt dem Pferde eine vollkommnere Haltung, bereitet es zu den Paraden aus stärkeren Gangarten, zu den Wendungen, zum geschickten Überwinden von Hindernissen aller Art und in der kavalleristischen Ausbildung auch zum Einzelgefecht vor.

Starker Galopp darf in der Bahn nicht geritten werden. Jedoch kann am Schluß der Ausbildung, soweit es die örtlichen Verhältnisse gestatten, als Vorübung für den Jagd- und Exerziergalopp, der Mittelgalopp auf geraden, langen Linien nach und nach verstärkt werden.

Zum Angaloppieren wird das Pferd versammelt und in die entsprechende Stellung genommen.

Der äußere Schenkel liegt verwahrend hinter dem Gurt, der äußere Zügel beschränkt durch eine halbe Parade den Vortritt des äußeren Hinterfußes. Der innere Schenkel, am Gurt liegend, regt den gleichseitigen Hinterfuß zu vermehrtem Vortreten an, der innere Zügel erhält die Kopfstellung. Der Reiter sitzt bei vorgeschobener inwendiger Hüfte vermehrt auf dem inneren Gesäßknochen. „Es ist streng darauf zu achten, daß das Pferd zum Angaloppieren nicht auf zwei Hufschläge gestellt wird." (R. V. S. 93.)

Hebt sich das Pferd, so muß der Reiter mit den Händen etwas nachgeben, um den Galoppsprung herauszulassen, und durch vortreibende Hilfen die Sprungbewegung in Fluß bringen. „Je ruhiger und weicher das Angaloppieren vor sich geht, desto ruhiger und weicher bleibt das Pferd auch im weiteren Galopp." (R. V. S. 93.) Das Pferd muß schließlich auf fast zeichenartige Hilfen angaloppieren lernen.

Ein falsch angaloppierendes Pferd muß durchpariert, geradegerichtet und erst von neuem angaloppiert werden, wenn die richtige Stellung gewonnen ist.

Pferde, die sich durch Verstärken des Trabes zu entziehen suchen oder stets falsch anspringen, müssen zunächst gut versammelt und, bevor sie sich der dadurch gewonnenen Haltung entziehen können, durch überraschende und kräftig gegebene Schenkelhilfen zum Vorgreifen mit den inwendigen Füßen veranlaßt werden. Als unterstützende Mittel können hierbei eine scharfe Wendung, eine Volte und ausnahmsweise sogar eine leichte Traversstellung angewendet werden. Versammelnde Arbeit an der Hand und häufiges Angaloppieren an der Longe werden außerdem von großem Nutzen sein.

Während des Galopps muß der Reiter schmiegsam den Bewegungen des Pferdes folgen. Dazu muß er bei vorgeschobenen Hüften den Oberkörper senkrecht halten, die inwendige Hüfte bei tiefem inneren Knie und tiefer innerer Hacke vorrichten und die äußere Schulter gut mitnehmen. Dadurch wird er von selbst die inwendige Seite mehr belasten. Das Bestreben, nach innen zu sitzen, führt sonst leicht zum Einknicken in der inneren Hüfte und damit zum Verschieben des Gesäßes nach außen, wodurch die Beherrschung der äußeren Seite, insbesondere des auswendigen Hinterfußes, unmöglich gemacht wird.

Um Durchlässigkeit und Rückentätigkeit des Pferdes nicht zu stören, müssen Knie- und Fußgelenke ihre federnde Weichheit beibehalten, weil sonst das Gesäß bei jedem Galoppsprung in die Luft geschleudert und die Hand hart und unruhig wird.

Die Hilfen zum Angaloppieren werden während des Galopps nach Bedarf erneuert, um den Galoppsprung schwungvoll zu erhalten und gleichmäßig zu gestalten.

Das Pferd muß geradegerichtet bleiben und sich selbst tragen.

Pferde, die traversartig galoppieren, müssen durch Einrichten der Vorhand auf die Hinterhand und durch vermehrte Tätigkeit des inneren Schenkels geradegerichtet werden.

Legt sich ein Pferd im Galopp stark auf die Hand, so muß es durch halbe Paraden vom Zügel losgelöst und zu höherem Tragen von Kopf und Hals veranlaßt werden. Bei überbauten Pferden empfiehlt es sich, sie erst durch versammelnde Übungen in eine höhere Halsstellung zu bringen. Auch hier werden Arbeit an der Hand und Longieren von großem Nutzen sein.

Pferde, die mit gespanntem Rücken und hoher Hinterhand hinter dem Zügel galoppieren, sind in einem freieren Gangmaß zum Strecken zu bringen.

Pferde, die zu aufgerichtet und daher mit durchgebogenem Rücken und schleppend galoppieren, müssen tiefer gestellt

und durch lebhafte, im Takt der Sprünge gegebene Schenkel=
hilfen zu vermehrter Rückentätigkeit angeregt werden.

Dem Stürmen ist durch Galoppieren auf dem Zirkel
zu begegnen, wobei durch vorherrschenden Gebrauch der
äußeren Hilfen eine Verkleinerung des Zirkels anzu=
streben ist.

Umspringen im Galopp ist ebenfalls durch vorherrschende
Wirkung der äußeren Hilfen zu verhindern, wobei unter Um=
ständen geringe Konterstellung und stärkere Belastung des
auswendigen Gesäßknochens vorübergehend statthaft sind. Bei
heftigen Pferden ist ruhiger Sitz von besonderer Wichtigkeit.
Auch muß man bei ihnen unter Umständen Hals und Kopf
etwas tiefer stellen.

Zum Verkürzen des Galopps muß der durch
die Schenkel vermehrt untergeschobenen Hinterhand durch
halbe Paraden, besonders mit dem äußeren Zügel, mehr
Last zugeschoben werden. Die Schenkel, namentlich der
innere, regen die Hinterbeine zu jedem Galoppsprung erneut
an. Ebenso müssen auch Annehmen und Nachgeben der
Hände im Takt der Sprünge erfolgen, bis das Pferd Selbst=
haltung gewonnen hat.

Im abgekürzten Galopp muß sich ein kräftiger Abschub
der Hinterbeine unter dem Gesäß des Reiters fühlbar machen.
Schwunglosem Galoppieren ist durch kräftige Schenkelhilfen
und freieres Gangmaß zu begegnen.

Das Verstärken des Galopps muß weich und
fließend erfolgen. Die Galoppsprünge sollen lang und mög=
lichst weitgreifend sein. Der Reiter muß gut mitgehen und
das Pferd durch wiederholte halbe Paraden, trotz der be=
stimmter werdenden Anlehnung, durchlässig erhalten.

Zum Fußwechsel im Galopp wird das Pferd
gerade gerichtet und unter Verringerung der Stellung zum
versammelten Schritt durchpariert, wobei der innere Schenkel
den gleichseitigen Hinterfuß vermehrt unterschieben und fest=
halten muß. Alsdann wechselt der Reiter Sitz und Stellung
und entwickelt den neuen Galopp.

„Je rittiger das Pferd ist, um so schneller kann der
neue Galopp der Parade folgen.“ (R. V. S. 98.)

Beim Übergang vom Galopp zum Trabe
muß der Reiter das Pferd während und nach der Parade

bestimmt am Zügel halten und erneut geraderichten. Beide
Schenkel schieben das Pferd in den Trab hinein. Der Ober=
körper muß bei gespanntem Kreuz gut in die Bewegung ein=
gehen. „Unruhiger Sitz, Festwerden der Hand sowie jede
einseitige oder klopfende Einwirkung mit dem Schenkel ver=
anlassen häufig erneutes Angaloppieren." Es empfiehlt sich
daher, namentlich bei heftigen Pferden, schulterhereinartig
zu parieren und diese Stellung bei den ersten Trabritten
beizubehalten.

Bei den Übergängen vom Galopp zum Schritt und zum
Halten finden die für die Paraden gegebenen Weisungen
Anwendung.

Im Kontergalopp ist das Pferd nach der äußeren
Seite der Bahn gestellt und muß somit gegen seine Biegung
wenden. Die dadurch bei allen Wendungen für das Pferd
sich ergebende Schwierigkeit im Stützen der Körperlast gibt
dem Reiter gleichzeitig das Mittel, durch Übungen im Konter=
galopp die Versammlung und Gewandtheit des Pferdes zu
erhöhen und sich selbst in seinem Gefühl und in seiner Ein=
wirkung zu verfeinern. Der Kontergalopp wird nur im ab=
gekürzten Gangmaß geritten.

Zum Einüben des Kontergalopps empfiehlt sich der Über=
gang durch eine Kehrtwendung aus der ersten Ecke einer kurzen
Wand. Je enger die Kehrtwendung schon geritten werden
kann, um so leichter gestaltet sich der Übergang.

Der Reiter sitzt, namentlich in den Ecken, die anfänglich
möglichst abzurunden sind, gut nach innen und führt die
Vorhand so gegen die Wand, als ob er durch sie hindurch=
reiten wollte. Das Pferd muß auch im Kontergalopp auf
einem Hufschlage galoppieren. Die bei den ersten Übungen
statthafte leichte Renversstellung ist daher allmählich durch
Geraderichten zu beseitigen.

Trägt sich das Pferd beim Durchreiten der Ecken im
Kontergalopp gut, so kann dieser auch durch Wechseln durch die
Bahn ohne Fußwechsel, durch Angaloppieren aus der Konter=
stellung, durch Fußwechsel und durch eine Kurzkehrtwendung
entwickelt werden.

Mit vollendeter Dressur kann der Kontergalopp auf dem
Zirkel, beim Reiten der Schlangenlinien und der Acht geübt
werden.

e) Paraden.

Man unterscheidet halbe und ganze Paraden. Die halbe Parade dient dazu, das Pferd in eine kürzere Gangart oder ein kürzeres Gangmaß zu versetzen, Versammlung und Haltung während des Ganges zu verbessern oder wiederzugewinnen sowie zu starker Anlehnung und übereiltem Gange zu begegnen. Durch die ganze Parade wird das Pferd aus dem Gange zum Stillstehen gebracht.

Zur halben Parade nimmt der Reiter die Zügel an, während er mit den das Pferd erneut umfassenden Schenkeln, bei leicht angespanntem Kreuz, die Hinterbeine heranhält und Stocken im Gange und Auseinanderfallen des Pferdes verhindert. Häufig genügt schon, namentlich zur Verbesserung der Haltung, eine kaum sichtbare Einwirkung in Form der durchhaltenden Zügelhilfe bei gleichzeitigem Anziehen des Kreuzes.

Zur ganzen Parade werden die vorbeschriebenen verhaltenden Hilfen in verstärktem Maße angewendet und, wenn nötig, so lange wiederholt, bis das Pferd steht. Den ganzen Paraden wird durch halbe Paraden vorgearbeitet. Die Zügelhilfen sind stets durch heranholende Schenkelhilfen bei angespanntem Kreuz zu unterstützen. Die Haltung des Oberkörpers richtet sich nach dem Gebäude des Pferdes. Bei Pferden mit weichem Rücken und schwacher Hinterhand ist leichteres Einsitzen bei gut gegenhaltendem Kreuz geboten, wohingegen bei festem Rücken und kräftiger Hinterhand, besonders im zweiten Teil der Parade, vermehrtes Einsitzen mit zurückgehaltenem Oberkörper am Platze ist, um die untergelaufenen Hinterbeine durch Belastung zu biegen und festzuhalten.

Die ganze Parade muß in der Bewegungsrichtung erfolgen. Damit Hals und Kopf in ihrer richtigen Stellung verbleiben, und die Hinterfüße untertreten können, dürfen die Hände in der Parade nicht steigen. Nur bei Pferden, die mit hohem Rücken nach unten bohren, kann Höherstellen angezeigt sein.

Verhaltende Zügelhilfen dürfen niemals in Ziehen ausarten, auch muß die Hand, sobald das Pferd stillsteht und den Hals lang macht, zur Belohnung etwas nachgeben, damit es nicht zum Zurückkriechen oder Zurückstellen der Hinterbeine veranlaßt wird. Jeder eigenmächtigen Parade sowie der Neigung launiger Pferde, sich plötzlich zu verhalten, muß der Reiter mit kräftig vortreibenden, die Hinterhand unterschiebenden Hilfen begegnen.

Damit die Paraden nicht auf der Vorhand erfolgen und Beinschäden verursachen, muß der Reiter, je schneller die Gangart ist, um so stärkere, die Hinterhand vorholende Einwirkungen gebrauchen.

„Aus der guten Übereinstimmung von treibenden und verhaltenden Einwirkungen ergibt sich die fließende Ausführung der Paraden." (R. V. S. 66.)

f) Geraderichten (Bild 10).

Geraderichten heißt Vorhand und Hinterhand so aufeinander einrichten, daß das auf einem Hufschlag gehende Pferd

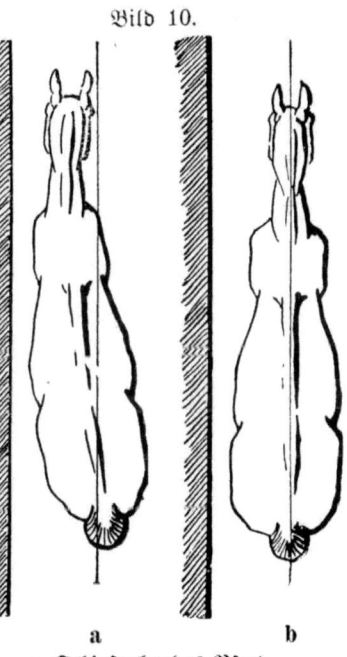

sich mit seiner Längsachse genau der Hufschlagslinie anpaßt, gleichviel, ob diese gerade oder gebogen ist.

Der Geraderichtung setzt die den meisten Pferden eigentümliche Neigung zu schiefer Körperhaltung Schwierigkeiten entgegen. Das aus dieser Schiefe sich ergebende Nichtspuren von Vorder- und Hinterfüßen wird noch dadurch begünstigt, daß das Pferd in der Vorhand schmaler ist als in der Hinterhand.

„Mit seltenen Ausnahmen ist es der rechte Hinterfuß, den das Pferd schwerer in gerader Richtung vorwärts unter den Leib zu setzen vermag." (R. V. S. 67.) Indem es mit ihm mehr oder minder stark nach rechts seitwärts ausweicht, neigt

Bild 10.

a **Schiefgehendes Pferd.**
b **Geradegerichtetes Pferd.**

es zum Ausfallen mit der linken Schulter und zum Ausbuchten der linken Halsseite; es geht in dieser Form gegen den rechten Schenkel und linken Zügel und nimmt somit in geringem Grade eine falsche Rechts-Traversstellung an.

In der Reitbahn äußert sich die Schiefe ganz besonders auf der rechten Hand. Um das Pferd hier geradezurichten, muß der Reiter die linke Schulter mit tief gehaltenem linken Zügel verwahren und die Vorhand mit dem rechten Zügel nach rechts führen, während der rechte Schenkel den rechten Hinterfuß am Seitwärtstreten verhindert. Auf der linken Hand wird der rechte Hinterfuß durch die Bande von selbst mehr zum Spuren angehalten. Die geraderichtende Arbeit muß hier daher vor allem darin bestehen, den Hals nicht von der Schulter ab nach links abweichen zu lassen, sondern mit dem rechten Zügel möglichst geradezustellen.

Schiefe des Pferdes hat infolge ungleichen Nachschubes der Hinterbeine stets ungleichmäßige Zügelanlehnung zur Folge. Ein schief gehendes Pferd ist daher nicht im sicheren Gehorsam.

Die geraderichtende Arbeit muß im ent= schiedenen Vorwärtsreiten geschehen. Starke Biegungen und einseitige Bearbei= tung des Genicks in matten Gängen machen das Pferd in der Regel nur noch schiefer." (R. V. S. 68.)

g) Übungen mit Seitenbiegung.

Allgemeines. Alle Übungen mit Seitenbiegung bezwecken, dem Pferde jederzeit denjenigen Grad von Längsbiegung an= weisen zu können, der beim Reiten gebogener Hufschlagslinien, beim Galopp und bei den versammelnden Übungen, insbeson= dere bei den Seitengängen notwendig ist. Die Seitenbiegung muß gleichmäßig durch das Pferd gehen, d. h. Genick, Hals und Rückgrat sollen in gleicher Weise an der Biegung teil= nehmen. Von diesen Körperteilen ist infolge der natürlichen Bauart des Knochengerüstes das Rückgrat am wenigsten be= weglich, wohingegen der Hals ausreichende Beweglichkeit besitzt. Die Bauart des Genicks läßt zwar von Natur nach allen Richtungen freie Bewegung zu. Diese wird aber dadurch er= schwert, daß der Reiter zur Beherrschung des Pferdes eine bestimmte Stellung von Hals und Kopf fordern muß. Beim

Reiten mit Seitenbiegung soll das Pferd sich im Genick seit=
lich so biegen, daß der innere Ganaschenrand sich unter, in
selteneren Fällen über die Ohrspeicheldrüse an die Halsmus=
keln anlegt. Form von Kopf und Hals sowie die Art, wie
beide miteinander verbunden sind, können, je nachdem ihre
Bauart jene reiterliche Forderung begünstigt oder nicht, die
Gewinnung dieser seitlichen Genickbiegung wesentlich erleich=
tern oder erschweren.

Das Höchstmaß der im Gange vom Pferde zu fordernden
Längsbiegung stellt die genaue Anpassung an die Kreislinie
der Volte dar.

Der Reiter hat bei den Übungen mit Seitenbiegung in
erster Linie die Aufgabe, die weniger beweglichen Körperteile,
also Rückgrat und Genick, biegsam zu machen, die Seiten=
biegung der beweglichen Körperteile, namentlich der Hals=
wirbel, aber so zu regeln, daß der Grad ihrer Biegung dem=
jenigen der weniger beweglichen entspricht.

Seitenbiegung wird durch Gegeneinanderwirken biegen=
der innerer und begrenzender äußerer Hilfen erzielt.

Zunächst muß das Pferd den inneren Hilfen folgen
lernen. Hierzu dient das „Biegen". Je williger das Pferd
auf die inneren Hilfen nachgibt, um so mehr können die
äußeren Hilfen nach und nach zur Wirkung kommen. Ist der
Reiter in der Lage, das Pferd beim „Biegen" längere Zeit in
einer gleichmäßigen Längsbiegung zu erhalten, so kann er
zum „Reiten in Stellung" übergehen, bei dem durch tätige Mit=
wirkung der äußeren Hilfen erhöhte Anforderungen in bezug
auf Rippenbiegung und reine Genickbiegung gestellt werden.
Um die Biegung in den Ganaschen zu verbessern und dadurch
die für die willige Hergabe der Kopfstellung besonders wichtige
reine seitliche Genickbiegung zu vervollkommnen, wendet man
das „Abbrechen" an. Es setzt völlige Stetigkeit des Halses
und wohlbegründete Aufrichtung voraus.

Wenn auch zur Belehrung des jungen Pferdes und Rei=
ters die Übungen mit seitlicher Biegung zunächst auf der Stelle
und demnächst im Schritt vorgenommen werden, so darf nicht
außer acht gelassen werden, daß das Pferd dabei leicht einen
seiner vier Füße zu entlasten und sich dadurch sowie durch
falsche Halsbiegung der richtigen, gleichmäßigen Seiten=
biegung zu entziehen vermag. Die Übungen zur Ge=

winnung der Längsbiegung müssen daher vorherrschend im Trabe vorgenommen werden.

Biegen. Mit dem Biegen darf erst begonnen werden, wenn das Pferd sich losgelassen und in zwangloser Selbsthaltung an das Gebiß herangestreckt hat. Nur so sind gleichmäßige, sichere Anlehnung an beide Zügel, Feststellung des Halses am Widerrist und Geraderichtung gewährleistet, ohne die jede biegende Arbeit nur Schaden bringt.

Biegen auf der Stelle. Vor Beginn des Biegens auf der Stelle läßt der Reiter das gerade auf seine vier Beine gestellte Pferd zunächst abkauen. Demnächst sind Hals- und Kopfstellung des Pferdes so zu berichtigen, daß das Genick unbedingt den höchsten Punkt bildet, und die Nase etwas vor der Senkrechten steht.

Zum Biegen auf der Stelle setzt sich der Reiter etwas nach innen, der innere Schenkel liegt am Gurt, der äußere verwahrend hinter dem Gurt. Der verkürzte innere Zügel veranlaßt durch eine etwas seitlich annehmende Zügelhilfe bei tiefgestellter Hand das Pferd, seinen Kopf bei gleich hochstehenden Ohren nach der Seite zu wenden. Zunächst gestatte man, daß der Hals sich an der Biegung stärker beteiligt, damit der Kopf sich im Genick ohne Schwierigkeiten drehen kann. Dazu gibt die auswendige Hand anfangs etwas nach. Erst wenn die Biegung willig hergegeben wird, verhindert sie durch sanfte Gegenwirkung zu starkes Nachgeben auf den inneren Zügel. Der äußere Zügel hat auch die Aufgabe, den Hals wieder gerade zu stellen und für die nötige Aufrichtung zu sorgen.

Da der Erfolg des Biegens hauptsächlich von der gleichmäßigen Belastung der äußeren und inneren Füße abhängt, muß der Reiter allen Versuchen des Pferdes, die inwendige Seite zu entlasten, von Anfang an entgegenwirken. Außer richtiger Gewichtsverteilung nach innen, ist dazu notwendig, den inwendigen Hinterfuß möglichst nahe an den auswendigen zu halten. So lange der Reiter diesen daher mit dem Schenkel nicht feststellen kann, empfiehlt es sich, das Biegen an der Wand vorzunehmen. Dabei weist man dem Pferde am besten eine Richtung an, in der die äußere Schulter etwa einen halben Schritt von der Bande entfernt ist, während der auswendige Hinterfuß eine Stütze daran nimmt. Diese Stellung

wirkt auch der Neigung des Pferdes, mit der Hinterhand nach
der der Biegung entgegengesetzten Seite auszuweichen, am
sichersten entgegen.

Beim Wechsel der Biegung muß das Pferd zunächst geradeaus gestellt, und die neue Biegung erst allmählich gewonnen werden. Folgt das Pferd beim Biegen beiden Zügeln
gleichmäßig, was sich auch durch das jedesmalige Überkippen
des Mähnenkammes nach innen und durch gleichmäßige Anspannung beider Zügel während des Biegens deutlich bemerkbar macht, so kann der Reiter nach und nach die Halsbiegung
mehr begrenzen und die Aufrichtung vervollkommnen. Der
Grad der zu fordernden Aufrichtung muß sich aber auch hier
stets nach dem Gebäude des Pferdes richten.

Steht die Nase schon vor dem Biegen senkrecht oder gar
hinter der Senkrechten, so liegt die Gefahr vor, daß das
Pferd sich auf den seitwärts stellenden Zügelanzug überzäumt
und ihm durch falsche Biegung am zweiten oder dritten Hals-
wirbel ausweicht. Zeigt sich dieser Fehler, so muß der Reiter
durch Vordrücken mit den Schenkeln am Gurt und durch
leichte Zügelanzüge mit etwas höher gestellten Händen die
Nase zunächst vor die Senkrechte bringen. Demnächst wird
durch Tieferstellen der Hände und mehr wagerechte Zügelanzüge die für erfolgreiches Biegen nötige Beizäumung wieder
gewonnen.

Im allgemeinen gilt als Grundsatz, daß der auswendige,
richtende Zügel eine Handbreit höher geführt wird, während
der inwendige, biegende Zügel in einer tieferen Stellung
besseren Erfolg hat. Höhere Führung des auswendigen
Zügels wird besonders notwendig, wenn der Hals sich am
oberen Teil nach außen verbiegt. Man legt ihn dazu vorteilhafterweise vorübergehend dort an den Hals an, wo die
Muskeln heraustreten. Umgekehrt kann es zweckmäßig sein,
den auswendigen Zügel ganz niedrig, dicht vor der Schulter,
wirken zu lassen, um einer Verbiegung des Halses am unteren
Ende, dicht vor der Schulter, zu begegnen. Der inwendige
Zügel muß dann in etwas höherer Stellung für Biegung und
Aufrichtung sorgen. Verwirft sich ein Pferd im Genick, wodurch das eine Ohr tiefer zu stehen kommt als das andere, so
muß der Reiter das tiefer stehende Ohr mit dem gleichseitigen Zügel höher stellen, während der andere in tiefer

Stellung gegenhält. Hat das Pferd nachgegeben, so geht die höher gestellte Hand wieder in die tiefere Stellung zurück.

Biegen im Gange (Bild 11). Zum Biegen im Gange sind Sitz und Hilfen im allgemeinen dieselben wie beim Biegen auf der Stelle. Nur müssen zur Erzielung der Längsbiegung

Bild 11.

Biegen im Schritt.

die Schenkel, insbesondere der innere, vermehrt zur Wirkung kommen. Dieser regt den inneren Hinterfuß zum Unter= treten an und sorgt, unterstützt durch den inneren Zügel, für Nachgiebigkeit der inneren Seite. Äußerer Schenkel und Zügel verwahren Hinterhand und Schul= ter und bewirken, daß die Biegung um den inneren Schenkel gleichmäßig durch das ganze Pferd geht.

Man beginnt das Biegen im Gange zunächst auf gerader Linie an der Bande, weil der Reiter hier eher in der Lage ist, das Ausfallen des auswendigen Hinter= fußes zu verhindern als wie auf ge= bogenen Linien, wo ihm die Unterstützung durch die Bande fehlt.

Für den Erfolg des Biegens im Gange ist es von wesentlicher Bedeutung, daß das Pferd dabei gerade gerichtet ist und mit der auswendigen Schulter nicht an der Wand klebt. Der Reiter sorge daher durch geringes Hineinführen der Vor= hand dafür, daß diese stets vor die Hinterhand gerichtet bleibt. Das Pferd erhält dadurch eine ganz geringe schulter= einartige Stellung. Sie sichert nicht allein die Beherrschung der auswendigen Schulter, sondern hindert auch den in= wendigen Hinterfuß daran, sich durch seitliches Ausweichen zu entziehen.

Wenn das Pferd im Gange auch weniger leicht falsche Biegungen annehmen kann, so ist es doch andererseits dabei in der Lage, der Biegung mehr Widerstand entgegenzusetzen, indem es den inwendigen Hinterfuß nicht unter den Schwer=

punkt, sondern seitwärts setzt. Dieser Fehler zeigt sich ganz besonders auf der rechten Hand. Der Reiter muß daher beim Biegen vor allen Dingen darauf achten, daß der inwendige Hinterfuß durch den inwendigen Schenkel nicht nur zum Untertreten, sondern auch, wenn auch kaum bemerkbar, zum geringen Vortreten vor den äußeren Hinterfuß angehalten wird. **Beide Hinterfüße müssen dicht aneinander vorbeitreten und infolgedessen eine schmale Hufspur bilden.** Dazu ist es notwendig, daß der auswendige Hinterfuß durch verwahrende Tätigkeit des äußeren Schenkels verhindert wird auszufallen. Der Reiter mache dabei aber nicht den Fehler, durch zu starkes, tätiges Eingreifen dieses Schenkels das Pferd zu traversartigem Gehen zu veranlassen.

Erst der genügende Gehorsam auf die inneren Hilfen gestattet die erfolgreiche Anwendung auch der äußeren. Das Pferd muß aber die äußeren Hilfen finden, sobald es auf die inneren nachgibt.

Man beginnt das Biegen im Gange zunächst zur Belehrung im Schritt, geht jedoch bald zum Biegen im Trabe über, weil die Pferde sich im Schritt leicht hinter den Zügel verkriechen. „Den besten Erfolg hat das Biegen im Arbeitstrabe und später im Mitteltrabe." (R. V. S. 73.) Auf taktmäßiges und doch lebhaftes Treten ist zu achten. **Leidet der Gang, so ist das ein Zeichen dafür, daß falsch gebogen worden ist.**

Man hüte sich vor starken Halsbiegungen, namentlich am Widerrist. Nur wenn der Reiter die Pferdenase tiefer stellen will, darf er vorübergehend höhere Anforderungen an die Biegung des Halses als an die des Rückgrats stellen.

Der Grad der Biegung und die Hand, auf der man biegt, sind häufig zu wechseln, und das Biegen durch Geradeausstellen und Einlegen freier Gänge zu unterbrechen. Auch empfiehlt es sich, die Biegung zeitweise nach der Wand vornehmen zu lassen (Konterbiegung), um den Reiter zum tätigen Gebrauch der äußeren Hilfen zu veranlassen.

Reiten in Stellung (Bild 12). Das Pferd ist zum Reiten in Stellung vorbereitet, wenn der Reiter imstande ist, es beim Biegen durch tätige Mitwirkung der äußeren Hilfe längere

Zeit in gleichmäßige Längsbiegung zu erhalten. Während der äußere Zügel die Halsbiegung immer mehr einschränkt und für vermehrte Aufrichtung und Versammlung sorgt, muß

der auswendige Schenkel den äußeren Hinterfuß nach und nach veranlassen, in Richtung zwischen die beiden Vorderfüße zu treten*). Bei geradem Sitz wird der Reiter inneres Auge und Nüster sehen können.

Wenn auch durch diese veränderte Fußsetzung die Stellung des Pferdes einen gewissen Anklang an Travers erhält, so darf doch der inwendige Hinterfuß dabei unter keinen Umständen nach innen abweichen; beide Hinterfüße müssen auch beim „Reiten in Stellung" dicht aneinander vorbeitreten und eine schmale Hufspur bilden.

Zur Versammlung, zum Durchreiten der Ecken, zu den Wendungen, den Hufschlagsfiguren, dem Galopp und zu den Seitengängen ist stets ein mehr oder minder starker Grad von Stellung erforderlich. Die Biegung der Hufschlagslinie, der Grad der Versammlung und das Gangmaß sind für den Grad der zu fordernden Stellung bestimmend. Jeder Reiter muß dabei selbständig sein Pferd rechtzeitig stellen. Soll in der Abteilung das Reiten in Stellung auf gerader Linie geübt

Reiten in Stellung
im Schritt.

werden, so muß der Reitlehrer das Kommando dazu geben.

Zur Erlangung gleichmäßiger Weichheit auf beiden

---

*) Die R. V. fordert diese Fußsetzung bereits beim „Biegen". Da sie aber zu verfrühtem und übertriebenem Gebrauch des äußeren Schenkels verleitet und dadurch leicht zu dem auch von der R. V. als fehlerhaft bezeichneten falschen traversartigen Gehen führt, empfiehlt es sich, sie erst beim „Reiten in Stellung" zu fordern.

Seiten empfiehlt sich häufiger Wechsel der Stellung. Verhaltene Pferde müssen, bevor man in die neue Stellung übergeht, zunächst in der Geradeausstellung bestimmt vorwärts getrieben werden.

Beim Reiten auf Kandare mit losgelassener Trense muß der äußere Kandarenzügel, bei entsprechender Verkürzung des inneren, dem Pferde das Eingehen in die Stellung ermöglichen.

Bild 13.

Beim **Reiten in Konterstellung** (Bild 13) muß das Pferd gegen seine Stellung wenden. Die äußeren Füße bewegen sich dabei auf einem kleineren Kreisbogen als die inneren. Ihr Vortritt ist daher durch den äußeren Zügel zu beschränken, während der innere Hinterfuß durch den gleichseitigen Schenkel zu weitem Vortreten angehalten werden muß.

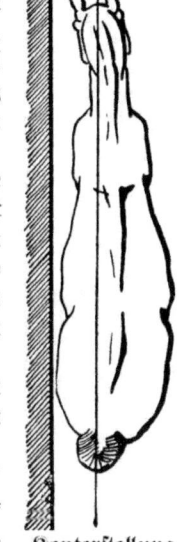

Das Reiten in Konterstellung erhöht die Folgsamkeit auf die äußeren Hilfen und dient als Vorübung für Renvers. Auch bietet es ein Mittel, Pferde, die mit Schulter oder Hinterhand ausfallen oder seitwärts drängen, am Abweichen von der vom Reiter gewünschten Richtung zu hindern.

Als besondere Übung darf das Reiten in Stellung nur im Schritt und im abgekürzten Trabe vorgenommen werden.

Abbrechen (Bild 14). Unter „Abbrechen" versteht man Steigerung der seitlichen Genickbiegung ohne Verstärkung der Halsbiegung. Es bezweckt die Durchlässigkeit des Genicks, die

Konterstellung.

für die Beherrschung des Pferdes von entscheidendem Einflusse ist, sicherzustellen. Auf diese Übung ist zurückzugreifen, sobald sich Schwierigkeiten bei Hergabe der Stellung zeigen.

Man beginnt mit dem Abbrechen, wenn das Pferd im Gange und im Halten sicher am Zügel steht und die beim Biegen geforderte geringere seitliche Genickbiegung willig hergibt.

Vorher muß das Pferd gerade gerichtet, bei herangeholten Hinterfüßen auf seine vier Beine gestellt und in gut aufgerichteter Haltung zum Abkauen am Gebiß gebracht werden.

Ebenso wie das Biegen ist auch das Abbrechen zunächst mit weniger erhabener Stellung von Hals und Kopf zu beginnen und anfänglich dem Halse eine stärkere Beteiligung an der Biegung zu gestatten. Nach und nach vermindert man

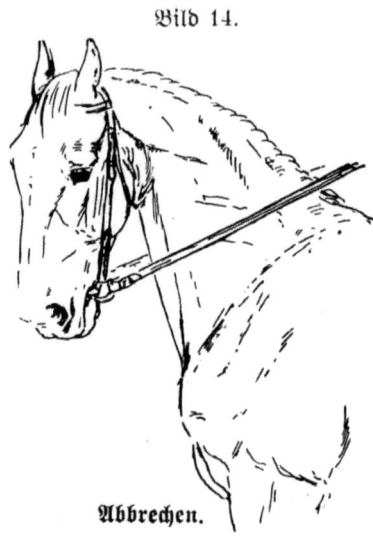

Bild 14.

Abbrechen.

die Biegung des Halses und vermehrt bei erhöhter Aufrichtung die Biegung des Genicks.

Sitz und Hilfen sind beim Abbrechen dieselben wie beim Biegen, nur muß der äußere Zügel zur Begrenzung der Halsbiegung und Sicherstellung der Aufrichtung verstärkt einwirken. Gibt das Pferd die verlangte Stellung her, so ist es mit ruhig stehenden Händen kurze Zeit darin zu erhalten.

Das Abbrechen muß stets mit Vorsicht und Geduld vorgenommen werden. Auch sind die dabei gestellten Anforderungen dem Gebäude und dem Dressurgrade des Pferdes sorgfältig anzupassen. Übereilung und harte Einwirkung verursachen nur großen Schaden. Allen dabei vorkommenden Fehlern begegnet man am erfolgreichsten dadurch, daß man zwischendurch fleißig vorwärtsreitet.

Beim Biegen und Abbrechen auf Kandare kann der innere Kandarenzügel, wenn die Drehung der linken Hand nicht ausreicht, mit drei Fingern der rechten Hand entsprechend verkürzt werden. Zur Verkürzung des rechten Kandarenzügels genügt auch schon Unterschieben des linken Zeigefingers.

h) Versammeln im Gange.

Ein Pferd im Gange versammeln heißt, es von hinten nach vorn so zusammenschieben und die Hinterbeine derart zum fleißigen, federnden Vortritt unter den Schwerpunkt anregen, daß sie sich in allen ihren Gelenken, besonders den oberen, biegend, die Körperlast vermehrt aufnehmen und kraftvoll wieder abschnellen. Sie müssen dabei stets eng beieinander bleiben und eine schmale Huffpur bilden. Der Hals richtet sich auf und dehnt sich bei willig hergegebenem Genick an die Hand heran, der Rücken schwingt federnd im Takt des Ganges auf und ab. „Das Kennzeichen der Versammlung liegt nicht in der Kürze, sondern in der Erhabenheit und im Schwunge des Ganges." (R. V. S. 75.)

Zur Erzielung einer guten Versammlung muß der Reiter das Pferd vorher geraderichten und stellen. Demnächst regen die treibenden Hilfen die Hinterbeine zu lebhaften, schwung= vollen Tritten an, wobei die Hände, so viel Freiheit lassend, daß die Hinterbeine genügend untertreten können, den stärkeren Schwung in elastischer Zügelspannung aushalten. Das Pferd soll sich gewissermaßen selbst an der ruhig aus= haltenden Hand des Reiters arbeiten.

Zur Steigerung der Versammlung gehen die Hände zu leicht annehmenden Zügelhilfen über. „Die Hand soll einen Teil des Gewichts, das die Hinter= beine in sie hineinschwingen, durch Genick, Hals und Rücken hindurch wieder an die Hinterhand zurückgeben und diese dadurch belasten und biegen." (R. V. S. 79.)

Hat man durch „versammelnde Arbeit an der Hand" (R. V. S. 228 bis 233) vorgearbeitet, so wird man nach und nach von selbst bis zur „Versammlung in halben Tritten" ge= langen. Das Pferd soll dabei, sich in seinen Hinterbeinen ver= mehrt biegend und dadurch vermehrt Last aufnehmend, in halben, lebhaften, trabartigen Tritten, nur wenig Raum ge= winnend, vorwärts gehen. Bei frei getragenem, gut zurück= gerichtetem Hals wird die Anlehnung leichter, die Vorderbeine treten erhabener.

Zum „Versammeln in halben Tritten"*) (Bild 15) muß der Reiter die Hinterfüße durch lebhafte, mit dem Sporn geschickt unterstützte, wechselseitige Schenkel= hilfen zu kurzem, federndem Untertreten anregen, während er durch leichte, im Takt der Tritte angebrachte, halbe Paraden die Belastung der Hinterhand aufrechterhält. Jede Steifheit im Sitz ist zu vermeiden. Der Reiter lasse bei leicht zurück= geneigtem Oberkörper sein Gesäß tief im Sattel ruhen und die

---

*) Die R. V. bezeichnet diese Übung mit „Hankenbiegen".

Schenkel ohne Spannung von oben bis unten in weicher Füh=
lung am Pferdeleibe hängen.

Man achte besonders darauf, daß das Pferd gerade ge=
richtet und am Zügel bleibt. Versucht es hinten seit=
lich auszuweichen, so weist man ihm eine geringe Schulter=

Bild 15.

Versammeln in halben Tritten.

hereinstellung an. Auch hierbei müssen die Hinterbeine dicht
beieinander bleiben. Der Neigung, sich hinter dem Zügel zu
verkriechen, begegnet man durch vermehrtes Vortreiben und
Herauslassen der Tritte.

Es darf niemals längere Zeit hinterein=
ander in solcher hohen Versammlung gear=
beitet werden. Auch muß man seine An=

sprüche nur ganz allmählich steigern und sich anfangs mit wenigen Tritten begnügen. Mit dem Lob ist nicht zu geizen.

Diese besonders nützliche Arbeit, die nach vorangegangener Vorbereitung an der Hand bei Pferden, die sich, namentlich im Galopp, schwer versammeln lassen, mit Vorteil angewandt werden kann, verlangt einen durchgebildeten Reiter mit viel Reitergefühl, da sonst Widersetzlichkeiten hervorgerufen werden. Ein solcher Reiter wird schließlich in der Lage sein, das Pferd auch auf der Stelle in halben Tritten zu versammeln. „Von der Truppe ist dies nicht zu fordern." (R. V. S. 116.)

i) Wendungen auf der Stelle.

Wendungen auf der Stelle werden, je nachdem Vorhand oder Hinterhand den Drehpunkt bildet, Wendung auf der Vorhand oder Wendung auf der Hinterhand genannt.

Die Wendung auf der Vorhand, bei der der Drehpunkt unter dem inneren Vorderfuß liegt, ist keine schulgerechte Übung, weil sie die Hinterhand entlastet und dadurch die Versammlung aufhebt. Sie darf daher bei der Reitausbildung nur zur ersten Belehrung des jungen Reiters und des jungen Pferdes angewandt werden. Außerdem ist sie ein zwingendes Mittel zur Bekämpfung des Ungehorsams gegen die inneren Hilfen.

Das Pferd wird nach der Seite der Wendung gestellt. Der innere Schenkel hinter dem Gurt drückt die Hinterhand Tritt für Tritt herum. Der auswendige Schenkel, verwahrend hinter dem Gurt liegend, fängt jeden Tritt der Hinterhand auf, so daß jedesmal eine kurze Pause entsteht. Beide Schenkel sorgen, unterstützt durch Gesäß und Kreuz, außerdem dafür, daß das Pferd dauernd am Zügel bleibt.

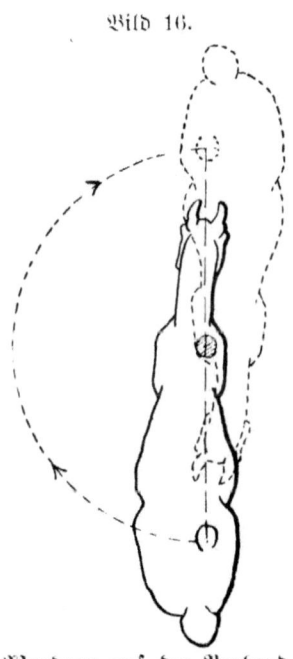

Bild 16.

Wendung auf der Vorhand rechtsumkehrt.

Zur Belehrung roher Pferde sowie zur Erzwingung des Gehorsams bei gerittenen Pferden, die sich gegen den Schenkel werfen, darf der innere Zügel durch stärkeres Biegen und seitliches Abrücken unterstützend mitwirken.

Das Pferd soll weder vor= noch zurücktreten. Geringes Zurücktreten ist jedoch der kleinere Fehler. Herumeilen hindert der auswendige Schenkel, Ausfallen der auswendigen Schulter der äußere Zügel.

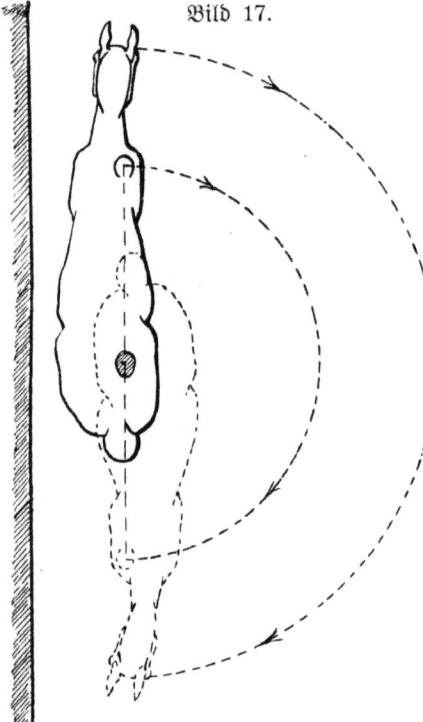

Bild 17.

Bei der Wendung auf der Hinterhand soll der Drehpunkt unter dem inwendigen Hinterfuß liegen. Sie bahnt bei Reiter und Pferd das Verständnis für die wendenden Hilfen an und dient als Vorübung für die Kurzkehrtwendung.

Vor Beginn der Wendung wird das Pferd an die Zügel und nach der Seite der Wendung gestellt. Der inwendige Zügel, nach innen seitwärts = rückwärts abrückend, führt das Pferd Tritt für Tritt herum. Der auswendige Zügel stellt die Hinterhand fest und führt, bei tiefer Handstellung den in-

**Wendung auf der Hinterhand
rechtsumkehrt.**

wendigen Zügel durch Gegenwirkung unterstützend, die äußere Schulter nach innen. Der auswendige Schenkel, hinter dem Gurt liegend, verhindert den auswendigen Hinterfuß am Ausfallen. Beide Schenkel, vornehmlich der am Gurt wirkende innere, erhalten das Pferd am Zügel und sorgen dafür, daß es nicht zurücktritt. Geringes Vortreten ist der kleinere Fehler.

Es empfiehlt sich sogar anfänglich bei Beginn der Wendung zunächst die Hilfen zum Antreten zu geben.

Der Reiter muß die Zügel= und Schenkelhilfen geschickt durch seinen Sitz unterstützen, indem er den inneren Gesäß= knochen, ohne das Gesäß nach außen zu schieben, mehr belastet und seinen Oberkörper durch Vorrichten der äußeren Schulter in die Wendung hineindreht.

k) Wendungen im Gange.

Bei allen Wendungen im Gange soll die Hinterhand dem Hufschlage der Vorhand genau folgen. Dazu muß der Reiter dem Pferde eine dem Bogen der Wendung entsprechende Längsbiegung anweisen. Hierdurch wird gleichzeitig der innere Hinterfuß zum Untertreten veranlaßt und stützt die Körperlast vermehrt. „Die engste Wendung, die das Pferd noch auf einem Hufschlag ausführen kann, bildet der Kreis= bogen der Volte." (R. V. S. 82.)

Vor jeder Wendung im Gange versammelt der Reiter das Pferd durch eine halbe Parade, stellt es und verlegt sein Gewicht etwas nach der Seite der Wendung.

Der innere Zügel führt das Pferd in die Wendung hin= ein, der innere Schenkel am Gurt treibt den gleichseitigen Hinterfuß unter. Der äußere Zügel regelt die seitliche Hals= und Genickbiegung, bestimmt das Maß der Wendung, ver= wahrt die auswendige Schulter, sorgt für die notwendige Ver= sammlung und verhindert zusammen mit dem zurückgreifenden äußeren Schenkel das Ausfallen des äußeren Hinterfußes.

Besonders wichtig für genaues Wenden sind richtiger Sitz und richtige Gewichtsverteilung. Um die Vorhand mit den Zügeln richtig führen und die Hinterhand am Ausfallen verhindern zu können, muß der Reiter die innere Hüfte bei tiefem Knie vorschieben, ohne die äußere Schulter zurückhängen zu lassen. Dieser Sitz bewahrt ihn auch vor dem Fehler, beim Verlegen des Gewichts nach innen mit der inwendigen Hüfte einzuknicken und das Gesäß nach außen zu schieben.

Auf Trense ist vor allem darauf zu achten, daß der Reiter nicht zwecks Erweiterung der Wendung mit beiden Händen nach außen drückt, auf Kandare muß jede seitliche Verschiebung der linken Hand vermieden werden.

Infolge der fast allen Pferden eigentümlichen Neigung zu schiefer Körperhaltung ist ihnen die Rechtswendung unbequemer, und der Reiter muß beim Rechtswenden den inneren Hinterfuß besonders gut heranhalten, während er die Vorhand immer erneut vor die Hinterhand richtet. In der Linkswendung ist dagegen unter bestimmtem Verwahren des rechten Hinterfußes vermehrt auf Feststellung des Halses an der Schulter und richtige Genick= und Rippenbiegung zu achten.

Nach Vollendung der Wendung wird das Pferd geradeaus gestellt, wenn nicht vorher mit Stellung geritten wurde. Beim Handwechsel ist die neue Stellung von jedem Reiter selbständig anzunehmen.

Bild 18.

Je enger die Wendung und je stärker die Gangart ist, desto mehr muß das Pferd vorher versammelt werden. Die Möglichkeit, eng und schnell zu wenden, hängt in erster Linie von der Fähigkeit des Reiters ab, die Hinterhand des Pferdes zu beherrschen, indem er den inneren Hinterfuß zum richtigen Stützen, den äußeren zum Vorschreiten in Richtung zwischen die Vorderfüße anhält. In freieren Gängen muß der Bogen der Wendung entsprechend größer bemessen werden.

Die Ecken sind auf dem Viertel= kreisbogen einer Volte zu durchreiten (Bild 18). Dieser kann je nach Gangart, Gangmaß und Dressurgrad des Pferdes sowie nach der Geschicklichkeit des Reiters entsprechend flacher geritten werden.

Durchreiten einer Ecke.

Dem eigenmächtigen Versuch des Pferdes, die Ecke ab=
zuflachen, ist durch erweiternde innere Hilfen entgegenzuwir=
ken. Um ein widerstrebendes Pferd zum genauen Durchschreiten
der Ecke zu zwingen, muß der Reiter die Übung zunächst im
versammelten Schritt vornehmen und die Hilfen zum Wenden
mehr einzeln aneinander reihen. Dabei darf er die Vorhand
des Pferdes nicht zu tief in die Ecke hineinführen und dann
mit Konterstellung wieder herauswenden. Ebenso falsch ist es,
tiefes Hineingehen in die Ecke dadurch erzielen zu wollen, daß
beide Hände nach außen drücken; Ausfallen der äußeren
Schulter ist die Folge.

Dieser Fehler zeigt sich ganz besonders auf der rechten
Hand. Um ihm zu begegnen, ist die äußere Schulter daher
sowohl bei der halben Parade vor der Ecke als auch beim
Wenden selbst gut vorzurichten. Auf der linken Hand neigen
die Pferde dazu, in der Ecke mit der Hinterhand auszufallen.
Der Reiter muß dem schon bei der halben Parade vor der Ecke
durch Verwahren des auswendigen Hinterfußes entgegen=
wirken. Auf der rechten Hand sind also schulterhereinartige
Hilfen, auf der linken Hand traversartige Hilfen anzuwenden.

Bei fehlender Bande ist darauf zu achten, daß die Pferde
sich nicht durch Ausbiegen vor der Ecke nach außen entziehen.

Beim Wechseln durch die Bahn und bei allen
Wendungen, vom Hufschlage ab und nach dem Hufschlage
zu, müssen innerer Schenkel und äußerer Zügel dafür sorgen,
daß das Pferd nicht zu früh abwendet. Ebenso ist bei fehlen=
der Bande durch verwahrende äußere Hilfen zu verhindern,
daß das Pferd die Wendung nach außen ausbuchtet. Nach dem
Abwenden sind stets bestimmt vorschiebende Einwirkungen ge=
boten.

Beim Reiten auf dem Zirkel soll der innere
Hinterfuß in die Spur des gleichseitigen Vorderfußes, der
äußere in Richtung zwischen beide Vorderfüße treten. Zum
genauen Reiten auf dem Zirkel ist dem Pferde eine der Kreis=
linie des Zirkels genau entsprechende Längsbiegung zu geben.

Das Reiten auf dem Zirkel bereitet das Pferd infolge
der dabei vermehrten Belastung und Biegung des inneren
Hinterfußes zu allen anderen Wendungen, zum Galopp und
zu den Seitengängen vor.

Die sich aus der Schiefe des Pferdes ergebenden und bei der Wendung rechts und der Wendung links sich in verschiedener Weise äußernden Schwierigkeiten zeigen sich auch beim Reiten auf dem Zirkel. Rechts drängen die Pferde meist mit der Schulter nach außen, links dagegen nach innen und fallen gleichzeitig mit der Hinterhand aus. Rechts muß daher der auswendige Zügel, bei tiefgestellter Hand, die Schulter verwahren und, unterstützt vom inwendigen Zügel, die Vorhand vor die Hinterhand richten, während der äußere Schenkel den gleichseitigen Hinterfuß zu vermehrtem Vortritt anregt. Links dagegen werden auswendiger Zügel und Schenkel das Verbiegen des Halses an der Schulter nach innen und das Ausfallen der Hinterhand verhindern müssen, während die innere, tief gestellte Hand für reine seitliche Genickbiegung sorgt.

Beim „Zirkel verkleinern" nimmt jeder Reiter für sich Vorhand und Hinterhand gleichzeitig nach innen, indem er das Pferd durch traversartige Hilfen nach dem Mittelpunkt des Zirkels zu führt und dabei entsprechend der kleiner werdenden Kreislinie dauernd Längsbiegung und Versammlung steigert. Diese Übung dient als Vorbereitung zu engeren Wendungen und zwingt das Pferd zu erhöhter Beachtung der verengenden Hilfen.

Beim „Zirkel vergrößern" wird der Bogen des verkleinerten Zirkels allmählich durch schulterhereinartige Hilfen wieder erweitert, und das Pferd dadurch vermehrt an die äußeren Hilfen herangebracht.

Häufiger Wechsel zwischen Verkleinern und Vergrößern des Zirkels ist empfehlenswert, da diese Übung, richtig ausgeführt, das Verständnis für die inneren und äußeren Hilfen bei Reiter und Pferd wesentlich fördert. Während beim Verkleinern das Gangmaß mehr und mehr eingefangen werden muß, kann man beim Vergrößern des Zirkels etwas zulegen. Sehr nützlich ist diese Übung auch als Vorbereitung für den Galopp, der beim Vergrößern mit dem Erreichen der ursprünlichen Zirkellinie zu entwickeln ist.

Beim Wechseln aus dem Zirkel muß das Pferd vor dem Übergang auf die neue Hand einen Augenblick geradeaus gestellt werden, bevor es in die neue Stellung genommen wird.

Dasselbe gilt für das Wechseln durch den Zirkel. Auch darf dabei der erste Bogen nicht zu groß bemessen werden, damit der Mittelpunkt des Zirkels auch wirklich durchritten wird.

Das Reiten der Volte fordert mit Rücksicht auf die Enge des Kreises und die diesem entsprechende höchste Längsbiegung, die das Pferd annehmen kann, seines Abwägen der gegeneinander wirkenden, biegenden inneren und verwahrenden äußeren Hilfen.

„Zur Vervollkommnung der Volten ist es vorteilhaft, an der gleichen Stelle mehrere Volten hintereinander zu reiten." (R. V. S. 90.)

Besonders zu warnen ist vor zu starkem Gebrauch des inneren Zügels, wodurch die Hinterhand nach außen geworfen und das Pferd zum Eilen in die Volte veranlaßt wird.

Man läßt Volten vorteilhafterweise nicht in der Abteilung reiten, sondern übt sie einzeln, und zwar zunächst am besten in einer Ecke.

Für die Kehrtwendung gelten in der ersten Hälfte dieselben Grundsätze wie für die Volte. Demnächst führt der Reiter das Pferd in schräger Richtung auf den Hufschlag.

Beim Reiten von Schlangenlinien müssen die Gewichtshilfen vornehmlich den Antrieb zur Richtungsänderung geben. Wird mit Stellungswechsel geritten, so muß der Reiter durch geschicktes Umsitzen und rechtzeitigen, weichen Wechsel der Hilfen dafür sorgen, daß der Hufschlag stets bogenförmig verläuft.

Das Reiten der Acht geschieht nach denselben Grundsätzen wie das Wechseln durch den Zirkel. Der Stellungswechsel am Berührungspunkt der beiden Kreise muß sich in geschmeidiger Weise vollziehen.

1) Kurzkehrtwendung.

Die Kurzkehrtwendung ist eine Kehrtwendung auf der Hinterhand in der Bewegung. Das Pferd soll sich dabei in mehreren Tritten oder Galoppsprüngen in der betreffenden Gangart um die Hinterhand herumdrehen und dann in dem früheren Gangmaß weitergehen. Die Kurzkehrtwendung wird nur aus versammelten Gängen ausgeführt.

Das Pferd wird zunächst durch eine entschiedene, vorherr=
schend mit dem äußeren Zügel gegebene Parade im Gange auf=
gehalten, und demnächst die Vorhand ohne Unterbrechung der
Bewegung mit wendenden Zügelhilfen tritt= oder sprungweise
um die Hinterhand herumgeführt. Der Drehpunkt soll unter
dem inwendigen Hinterfuß liegen, der durch das gleichseitigen
Schenkel verhindert werden muß zurückzutreten oder seitlich
auszuweichen. Der auswendige Zügel hält den Hals an der
Schulter gerade und verwahrt im Verein mit dem auswen=
digen Schenkel den äußeren Hinterfuß. Das Pferd darf
bei der Wendung nicht mit den Hinterbeinen am Boden
kleben, sondern muß sich mit ihnen möglichst im Takt und in
der Fußfolge der Gangart, aus der die Kurzkehrtwendung
ausgeführt wird, weiterbewegen. Nach der Wendung ist das
Pferd auf den Hufschlag zu führen und dort umzustellen,
wenn nicht „ohne Wechsel" weitergeritten werden soll.

Zur Einübung dient eine traversartig gerittene, allmählich
zu verengernde Kehrtwendung; am besten zunächst im Schritt.

Man hüte sich vor zu starkem Gebrauch des inwendigen
Zügels und unterstütze die Schenkel= und Zügelhilfen durch
gutes Mitgehen mit dem Oberkörper und zweckmäßige Ge=
wichtsverteilung.

m) Rückwärtsrichten (Bild 19).

Beim Rückwärtsrichten soll das Pferd bei aufgerichtetem
Hals und gesenkter Hinterhand ein diagonales Beinpaar nach
dem andern in möglichst gleichmäßigen, ruhigen Tritten in
gerader Richtung zurückstellen.

Das Rückwärtsrichten fördert die Versammlung, macht
den Rücken nachgiebig, biegt die Hinterhand und ver=
bessert Haltung und Durchlässigkeit. „Ferner zeigt es dem
Reiter, wie der Zügelanzug durch das Pferd auf den Hinter=
fuß wirken soll." (R. V. S. 98.) Es dient aber auch als
Strafe, namentlich bei Pferden, die sich stark auf die Hand
legen oder sich der Zügelwirkung durch Wegbrechen entziehen
wollen. Ohne Unterbrechung darf das Rückwärtsrichten,
wenn es nicht als Strafe dienen soll, nur auf höchstens sechs
Schritt ausgeführt werden.

Zum Rückwärtsrichten muß das Pferd vorher in guter
Versammlung gleichmäßig auf seine vier Beine gestellt und

geradegerichtet werden. Die dabei zu fordernde Aufrichtung
richtet sich nach dem Dressurgrad und dem Körperbau des
Pferdes. Bevor man mit dem Zurücktreten beginnt, muß
das Pferd sein Genick willig hergegeben haben. Alsdann veranlaßt es der Reiter durch gerade auf die Hinterfüße wir-

Bild 19.

Rückwärtsrichten.

kende, wechselseitige Zügelanzüge, mit einem diagonalen Beinpaar nach dem anderen in gerader Richtung zurückzutreten.
Der Oberkörper wird bei angespanntem Kreuz senkrecht gehalten, die verwahrend am Pferdeleibe liegenden Schenkel
sorgen dafür, daß das Pferd nicht mit der Hinterhand ausweicht oder zurückkriecht. Wenn nicht einseitige Widerstände
eine entsprechende Stellung bedingen, bleibt das Pferd geradeaus gestellt.

Da das Zurücktreten für das Pferd eine ungewohnte Bewegung ist, darf man diese Übung nicht sofort in vollendeter Ausführung verlangen, wenn man nicht Widersetzlichkeiten hervorrufen will. Es empfiehlt sich daher auch zunächst eine gewisse Belehrung. Hierbei kann Arbeit an der Hand und an der Longe von Nutzen sein, namentlich wenn sich bei den ersten Versuchen im Rückwärtsrichten Schwierigkeiten zeigen. Auch kann der Lehrer in den Zügel oder in das Backenstück greifen und den Reiter bei den ersten Übungen unterstützen. Da ferner jede stärkere Belastung des Pferderückens das Zurücksetzen der Hinterfüße erschwert, darf der Reiter nicht zu schwer einsitzen, sondern muß sogar, namentlich bei Pferden mit weichem Rücken, den Oberkörper anfänglich etwas vorneigen. Ebenso darf das Rückwärtsrichten in der ersten Zeit und bei ungünstigem Körperbau des Pferdes nicht mit zu hoher Halsstellung vorgenommen werden. Nur bei Pferden, die den Rücken festhalten und sich dabei auf das Gebiß legen, muß man eine etwas höhere Aufrichtung fordern.

Anfänglich begnüge man sich mit wenigen Tritten, belobe das Pferd und lasse es einen Augenblick ruhen. Es kommt zunächst nur darauf an, daß das Pferd versteht, was von ihm verlangt wird, und ohne sich zu widersetzen zurücktritt.

Zum Halten hören die annehmenden Zügelhilfen auf, während die Schenkel, durch vortreibende Sitzhilfen unterstützt, weiteres Zurücktreten verhindern. Bei Pferden, die zum Zurückkriechen neigen, müssen die Schenkel bei etwas mehr zurückgehaltenem Oberkörper von Anfang an kräftiger wirken.

Sehr nützlich ist es, das Pferd aus dem Rückwärtsrichten gleich wieder einige Tritte vortreten zu lassen und dann erst zu halten. Je genauer der Reiter beim Zurück- und beim Vortreten die Trittzahl bestimmen kann, um so vollendeter ist die Ausführung, und um so größer der Nutzen der Übung.

Außer durch Zurückkriechen kann das Pferd sich noch durch Seitwärtssetzen eines oder beider Hinterfüße zu entziehen suchen. Führt Vorrichten der Vorhand durch vermehrte Wirkung des gleichseitigen Zügels gegen den ausweichenden Hinterfuß nicht zur Abstellung dieser Fehler, so empfiehlt es sich, das Rückwärtsrichten auf der Hufschlaglinie der ganzen Bahn vorzunehmen und dabei den zum Ausweichen neigenden Hinterfuß zum äußeren zu machen. Um auch den anderen Hinterfuß am Seitwärtstreten zu verhindern, ist es nützlich, dem Pferde dabei eine geringe Schulterhereinstellung zu geben.

Für die Versammlung ist das Rückwärtsrichten nur dann förderlich, wenn auch dabei die Hinterfüße dicht beieinander bleiben.

Widersetzt sich das Pferd dem Zügelanzuge durch Gegenstemmen der hinausgestellten Hinterbeine, so müssen diese zunächst durch Vordrücken in halben Tritten herangeholt, und dadurch die nötige Versammlung wiederhergestellt werden. Ein Pferd, dessen Hinterfüße senkrecht unter den Hüften stehen, kann das Zurücktreten nicht verweigern. Unter Umständen kann der Reiter auch schon, sobald das Pferd, in dem Bestreben anzutreten, einen Hinterfuß vom Boden erhebt, den gleichseitigen Zügel vorherrschend wirken lassen und den Pferdekörper über diesen hinweg nach rückwärts schieben. Ferner kann es sich ausnahmsweise empfehlen, einen Hinterfuß zunächst wie zur Wendung auf der Vorhand zum Antreten zu veranlassen und im Augenblick des Untertretens die Zügelhilfen zum Rückwärtsrichten zu geben.

Alle beim Rückwärtsrichten vorkommenden Schwierigkeiten haben, abgesehen von falschen Einwirkungen des Reiters, in der Regel ihren Grund in mangelhafter Grundlage, namentlich in fehlerhafter Hals- und Kopfstellung. Bei ernsthaftem Widerstreben, im besonderen wenn das Pferd mit hinausgestellten Hinterbeinen keinen Anzug mehr durchläßt, muß weiteren Versuchen zum Rückwärtsrichten erst richtiges Formen im Gange und Belehrung des Pferdes ohne Reiter vorausgehen.

„Jedes gewalttätige Einwirken gefährdet die Gelenke der Hinterbeine.“ (R. V. S. 99.)

u) Reiten auf zwei Hufschlägen.

Beim Reiten auf zwei Hufschlägen muß die Vorhand der Hinterhand stets so viel vorausgehen, daß die natürliche und gleichmäßige Fußfolge nicht gestört wird.

„Auf Kandare sind alle Übungen auf zwei Hufschlägen nur mit angefaßter Trense zu reiten.“ (R. V. S. 102.)

Schenkelweichen. „Beim Schenkelweichen bewegt sich das Pferd mit ganz geringer Stellung auf zwei Hufschlägen. Dabei treten die inneren Füße gleichmäßig über und vor die äußeren." (R. V. S. 103.)

Das Schenkelweichen wird im gehaltenen Schritt oder gemäßigten Arbeitstrabe und nur auf kurzen Strecken geübt. Ecken dürfen im Schenkelweichen nicht durchritten werden.

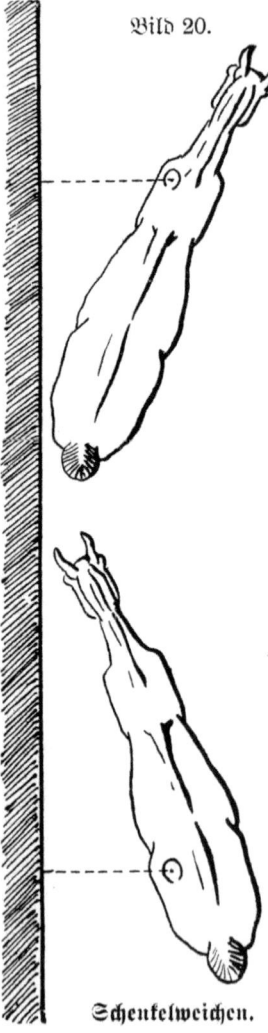

Bild 20.

Es wird stets geringe Stellung nach der Seite des seitwärts treibenden Schenkels genommen, der dadurch zum inneren wird, auch wenn er dem Äußeren der Bahn zugewendet ist. Auf dem Zirkel darf man nur dem der Zirkelmitte zugekehrten Schenkel weichen lassen, auf der ganzen Bahn beiden Schenkeln (Bild 20), jedoch nur auf den langen Seiten.

Das Schenkelweichen lehrt den Reiter den Gebrauch der einseitigen Hilfen und bahnt auch im jungen Pferde das Verständnis und damit den Gehorsam auf die bei den Seitengängen zur Anwendung kommenden Hilfen an.

„Als eine die Tätigkeit der Hinterhand fördernde Übung im Sinne der Reitkunst ist das Schenkelweichen nicht zu betrachten. Es ist aber ein zwingendes Mittel zur Erzielung des Gehorsams auf die inneren Hilfen." (R. V. S. 102.)

Der innere Schenkel, dicht hinter dem Gurt liegend, drückt die Hinterhand seitwärts, und zwar möglichst im Augenblick des Abfußens des inneren Hinterfußes. Der innere Zügel sorgt für die Kopfstellung und unterstützt nötigenfalls den inneren Schenkel.

Schenkelweichen.

Der äußere Zügel führt die Vorhand und verwahrt die äußere Schulter. Der äußere Schenkel verhindert das Pferd, vor dem inneren Schenkel zu fliehen.

Der Reiter muß herausfühlen lernen, wann er mit seinem einseitigen Schenkel und Zügel durchgekommen ist, und seine tätigen Einwirkungen dann zeitweise einstellen. Auch empfiehlt es sich, zur Belohnung für das Pferd die Übung vorüber= gehend zu unterbrechen.

Vor Beginn des Schenkelweichens muß der Reiter die dazu notwendige Schrägstellung des Pferdekörpers zur Huf= schlaglinie herbeiführen. Dies geschieht, wenn man vor dem dem Innern der Bahn zugewandten Schenkel weichen lassen will, indem die Vorhand des Pferdes wie zur Volte einen kleinen Schritt in das Innere des Hufschlages geführt wird. Beendigt wird dies Schenkelweichen durch Einrichten der Vor= hand auf die Hinterhand, in der Ecke durch Weiterreiten auf einem Hufschlage.

Will der Reiter das Pferd dem dem Äußeren der Bahn zugekehrten Schenkel weichen lassen, so gewinnt er die Schräg= stellung dadurch, daß er beim Durchreiten der ersten Ecke einer langen Seite das Pferd pariert, sobald es mit der Vor= hand den neuen Hufschlag erreicht. Demnächst wird die Stellung gewechselt und das Schenkelweichen begonnen. Bei Beendigung des Schenkelweichens ist darauf zu achten, daß das Pferd, nachdem es umgestellt ist, im flachen Bogen auf den Hufschlag geführt wird.

Das Schenkelweichen vor dem dem Äußeren der Bahn zugekehrten Schenkel empfiehlt sich besonders bei Pferden, die sich hartnäckig gegen den äußeren Schenkel stemmen.

Es ist besonders wichtig, daß die äußeren Hilfen beim Schenkelweichen von Anfang an verwahrend mitwirken. Mit fortschreitendem Gehorsam auf die inneren Hilfen können sie allmählich immer vermehrt tätig werden. Auf diese Weise entwickelt sich nach und nach aus dem Schenkelweichen ein schulterhereinartiger Seitengang.

Seitengänge. Seitengänge nennt man diejenigen Übun= gen, bei denen das Pferd mit Vor= und Hinterhand auf zwei verschiedenen Hufschlägen gebogen seitwärts geht. Das Maß der Abstellung richtet sich nach dem Grad der erzielten Längs= biegung und Versammlung und darf nicht mehr wie höchstens

einen Schritt betragen. Es empfiehlt sich aber, in der Ge=
brauchsschule eine geringere Abstellung zu nehmen.

Seitengänge dienen zur Förderung der Gelenkigkeit der
Hinterbeine und damit zur Verbesserung des Gleichgewichts.
Sie befestigen beim Pferde den Gehorsam auf die Schenkel=
und Zügelhilfen und vervollkommnen den Reiter durch das
dabei erforderliche genaue Zusammenwirken innerer und
äußerer Hilfen in seinem Gefühl und seiner Hilfengebung.

Die Hinterbeine werden nicht durch das Übertreten an
sich, sondern erst durch die stärkere seitliche Biegung des Rück=
grats und die erhöhte Versammlung gebogen. Die durch=
greifende Wirkung der Seitengänge beruht auf der durch die
Abstellung des Pferdes bedingten Beschränkung der Schubkraft
der Hinterbeine, die es ermöglicht, die Tragkraft vermehrt in
Anspruch zu nehmen. Gleichwohl muß die Schubkraft immer
genügend wirksam bleiben und sich in sicherer Anlehnung am
Zügel äußern.

Vor Beginn des Seitenganges wird das Pferd ver=
sammelt und in die entsprechende Stellung genommen. Der
Reiter sitzt bei allen Seitengängen nach der inneren Seite.

In der Gebrauchsschule sind Seitengänge nur im Schritt
und abgekürzten Trabe zu reiten. Der Schritt dient aber
nur zur Belehrung von Reiter und Pferd.

Man reite Seitengänge nur auf kurzen Strecken und
schalte immer wieder freie Gänge ein.

Jedes Reiten von Seitengängen ist
fehlerhaft, wenn die Pferde nicht vorher
im Schritt und abgekürzten Trab auf gerader
Linie genügende Durchlässigkeit bei ent=
sprechender Aufrichtung und Beizäumung
gewonnen haben.

Schulterherein (Bild 21). Im Schulterherein ist das
Pferd mit Stellung nach innen mit der Vorhand nach dem
Innern der Bahn hineingewendet und bewegt sich nach der
der Kopfstellung entgegengesetzten Seite, mit der Vorhand
der Hinterhand vorausbleibend, so fort, daß die inneren Füße
vor die äußeren treten.“ (R. V. S. 106.)

Schulterherein dient in erster Linie zur Vervollkomm=
nung der Rippenbiegung und im Zusammenhang damit zur
Erhöhung der Versammlung und Hankenbiegung. Der Reiter

richte daher sein Hauptaugenmerk dabei auf Erzielung richtiger Rippenbiegung und bestimme nach ihr das Maß der Hereinstellung der Vorhand und die Biegung von Hals und Genick, damit die Seitenbiegung stets gleichmäßig durch das ganze Pferd geht. In der Gebrauchsschule stelle man die Vorhand im allgemeinen nur so weit hinein, daß die auswendige Schulter vor die inwendige Hüfte gerichtet ist.

Die vermehrte Inanspruchnahme des inwendigen Hinterfußes in dieser Schule beruht nicht in stärkerer Lastaufnahme, sondern in den erhöhten Anforderungen, die an ihn dadurch gestellt werden, daß er in diesem Seitengange gezwungen wird, vor und gegen den auswendigen Hinterfuß zu treten; beide Hinterfüße müssen dabei auf einem Hufschlag spuren. Dieses Spuren ist aber nur gewährleistet, wenn auch der auswendige Hinterfuß zum Vortreten in Richtung der Seitenstellung angehalten wird.

Zur Entwicklung des Schulterherein wird das gestellte Pferd durch eine halbe Parade versammelt und wie zur Volte nach innen gewendet. Eine erneute halbe Parade verhindert nach Gewinnung der Schultereinstellung weiteres Fortschreiten des Pferdes nach innen.

Bild 21.

Schulterherein rechts im Trabe.

Mit fortschreitender Dressur wird es dem Reiter möglich sein, nicht nur die Seitenstellung durch eine Wendung auf der Hinterhand im Gange zu gewinnen, sondern auch den Seitengang durch die Vorhand hineinführende Hilfen bei gleichzeitigem Festhalten der Hinterfüße auf ihrer Schmalspur aufrechtzuerhalten.

Für die Hilfengebung gilt zunächst der allgemeine Grund= satz, daß die Zügel die Vorhand führen und für die der Rippen= beugung entsprechende Hals= und Genickbiegung sorgen, während den Schenkeln die Führung der Hinterhand und die Erhaltung der Rippenbiegung obliegt.

Im besonderen hat der innere Zügel während des Seiten= ganges für die richtige Seitenbiegung der Vorhand zu sorgen und mit dem inneren Schenkel zusammen das Hereinwerfen der Hinterhand zu verhindern.

Der äußere Zügel regelt im Verein mit dem äußeren Schenkel die Biegung, erhält, unterstützt vom inneren Zügel, die Vorhand auf der inneren Linie, sorgt für Aufrichtung und Versammlung und führt das Pferd auf der vorgeschriebenen Hufschlagslinie seitwärts. Entsprechend diesen vielseitigen Aufgaben ist seine richtige Tätigkeit daher von besonderer Wichtigkeit.

Der innere Schenkel, dicht hinter dem Gurt liegend, hält in erster Linie den inneren Hinterfuß zum gehörigen Vor= treten an und bewirkt die Rippenbiegung; erst in zweiter Linie sorgt er zusammen mit dem äußeren Zügel für die Seit= wärtsbewegung.

Der äußere Schenkel, hinter dem Gurt liegend und die Hinterhand verwahrend, hält den äußeren Hinterfuß zum Vortritt in Richtung der Seitenstellung an und verhindert dadurch das Ausfallen der Hinterhand und das damit ver= bundene Aufgeben der Rippenbiegung.

Das richtig Schulterherein gehende Pferd setzt den Reiter nach innen. Er darf jedoch nicht, mit dem Oberkörper nach innen hängend, hinter der Bewegung zurückbleiben, sondern muß nach vorwärts=seitwärts mitgehen. Zur Unterstützung der äußeren Hilfen kann sogar vorübergehende Gewichtsver= legung nach außen geboten sein.

Der Übergang vom Schulterherein zum Reiten auf einem Hufschlag erfolgt am besten in der Ecke und daher in der Ab= teilung von der Tete ab.

Man hüte sich im Schulterherein vor zu weitem Zurück= fassen mit dem inneren Schenkel, da dies ausschließlich seit= wärts treibend wirkt. Auch der äußere Schenkel wird unter Umständen etwas weiter vorwärts gebraucht werden müssen,

wenn sich das Bedürfnis zum Vorholen des äußeren Hinter=
fußes fühlbar macht.

Der im Schulterherein am häufigsten vorkommende
Fehler ist falscher und übertriebener Gebrauch des inneren
Zügels. Die dadurch herbeigeführte zu starke Halsbiegung
begünstigt das Ausfallen der äußeren Schulter, wozu die
Pferde schon von Natur neigen. Geradehalten des Halses
an der Schulter mit dem äußeren Zügel, bei tiefgestellter
Hand, und bestimmtes Vortreiben mit dem äußeren Schenkel
stellen den Fehler ab.

Bei Pferden, die mit der Hinterhand an der Bande
kleben oder mit dem auswendigen Hinterfuß ausfallen, emp=
fiehlt es sich, sie aus dem Schulterherein mit beiden Schenkeln
in Richtung der Abstellung von der Bande weg in die Bahn
vorzuschieben. Die Rückkehr auf den Hufschlag erfolgt am
schulgerechtesten im Renvers. Ist dies noch nicht möglich, so
reitet man im Schenkelweichen schräg nach vorwärts auf den
Hufschlag zurück. Auch kann man das Pferd zunächst gerade=
ausstellen und mit Konterstellung auf den Hufschlag zurück=
kehren.

Besonders belehrend für Reiter und Pferd ist auch der
Übergang aus Schulterherein zur Volte auf einem Hufschlag.
Nach Beendigung der Volte wird entweder geradeaus ge=
ritten oder erneut zum Seitengang übergegangen.

Im Schulterherein rechts ist besonders auf Erzielung
reiner Ganaschenbiegung bei guter Geraderichtung des Halses
zu achten, da die Pferde sich dabei häufig in Genick und Hals
nach links verwerfen.

Im Schulterherein links zeigen die Pferde dagegen viel=
fach die Neigung, mit dem Hals an der Schulter nach links zu
klappen und mit dem auswendigen Hinterfuß auszufallen.
Feststellen des Halses mit dem auswendigen Zügel und vor=
herrschende Tätigkeit des auswendigen Schenkels müssen dem
entgegenwirken.

„Schulterherein ist nicht nur die Grund=
lage, auf der sich die übrigen Seitengänge
aufbauen, sondern fördert, richtig gerit=
ten, auch die Ausbildung von Reiter und
Pferd am meisten." (R.V. S. 109.)

7*

Reiter, die die wunderbare Macht dieses Seitenganges er=
kannt haben und ihn richtig anzuwenden verstehen, werden
aus ihm nicht nur alle anderen Schulen entwickeln, sondern
ihn auch erfolgreich zur Abstellung von Fehlern in Haltung
und Gang anwenden.

Travers (Bild 22). Im Travers geht das Pferd bei
Stellung nach innen mit der Hinterhand auf einem Hufschlage,
der nach dem Innern der Bahn zu bis zu höchstens einem
Schritt vom Hufschlage des äußeren Vorderfußes entfernt ist.
Die auswendigen Füße treten vor die inwendigen.

Travers dient zur Vervollkommnung der durch Schulter=

Bild 22.

herein erlangten Versammlung und
Längsbiegung und bereitet das Pferd
für engere Wendungen um die
Hinterhand vor, da es die Vorhand
wendsamer macht.

Da die Hinterhand im Travers
auf die innere Linie gerichtet ist,
müssen die Hinterfüße, namentlich
bei allen Wendungen, kürzer treten,
was nur durch stärkere Versamm=
lung zu erzielen ist. Außerdem ist
das Seitwärtstreten dadurch er=
schwert, daß biegender innerer Zügel
und seitwärtstreibender äußerer
Schenkel sich entgegenarbeiten. Da
dies die Kräfte des Pferdes mehr
in Anspruch nimmt, müssen die
Übungen in diesem Seitengang
kürzer sein als im Schulterherein.

Am besten übt man Travers
zunächst auf den Wechslungslinien
der halben und ganzen Bahn, wobei
man darauf achten muß, daß die
Vorhand stets gut vorausgeht. Erst
wenn das Pferd dabei den Hilfen
willig folgt, reite man Travers auch
auf der Hufschlagslinie der ganzen
Bahn. Man hüte sich aber dabei
vor zu starker Halsbiegung und stelle

Travers rechts
im Trabe.

den wenig gebogenen Pferdekörper nicht zu steil zum Hufschlag. In der Gebrauchsschule wähle man die Seitenstellung etwa so, daß die auswendige Hüfte hinter die inwendige Schulter gerichtet ist.

Im Travers erhält der nach Bedarf verkürzte innere Zügel die Biegung der Vorhand und führt das Pferd.

Der innere Schenkel, am Gurt liegend, regt den inneren Hinterfuß zum Vortritt an und sorgt für richtige Rippenbiegung.

Der äußere Zügel stellt den Hals an der Schulter fest, regelt zusammen mit dem äußeren Schenkel die Biegung und erhält die nötige Versammlung und Aufrichtung.

Der äußere Schenkel, hinter dem Gurt liegend, führt die Hinterhand und bewirkt, unterstützt vom inneren Zügel, die Seitwärtsbewegung.

Versammlung und Längsbiegung werden im Travers hauptsächlich durch vorherrschende Einwirkung des inneren Schenkels und äußeren Zügels gewährleistet.

„Der Übergang aus Travers zur Volte auf einem Hufschlage bietet die gleichen Vorteile wie der aus Schulterherein." (R. V. S. 112.)

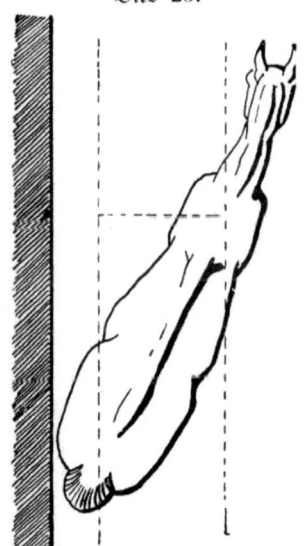

Bild 23.

Bei Pferden, die dem Druck des äußeren Schenkels nicht folgen wollen, führt vorübergehendes Umstellen und konterschulthereinartiges Schenkelweichen am schnellsten zum Erfolg. In leichteren Fällen genügt schon vermehrter Gebrauch des äußeren Zügels.

Renvers (Bild 23). Im Renvers liegt der Hufschlag der Vorhand im Innern der Bahn und ist bis zu höchstens einem Schritt vom Hufschlage des inneren Hinterfußes entfernt. Auch hier gilt jedoch bezüglich des zu fordernden Maßes der Abstellung der bei Schulterherein und Travers gemachte Hinweis.

Renvers links.

Renvers ist die Konterübung von Travers. Das Pferd tritt auch in diesem Seitengang dahin, wohin es gestellt ist, es wendet aber wie in Konterstellung gegen seine Biegung. Das Reiten in Konterstellung dient daher als Vorbereitung für Renvers.

Die erhöhten Anforderungen, die namentlich die Wendungen im Renvers bedingen, erhöhen die Gewandtheit des Pferdes und machen auch den Reiter geschickter in Führung und Einwirkung.

Sitz und Hilfen sind im allgemeinen die gleichen wie im Travers. Auch zeigen sich dabei dieselben Fehler. Wenn auch dem Ausfallen des auswendigen Hinterfußes durch die Konterstellung entgegengewirkt wird, so muß der Reiter doch durch lebhafte Tätigkeit des inwendigen Schenkels dafür sorgen, daß jener sich nicht durch Seitwärtstreten der Belastung entzieht. Bei richtiger Ausführung dieses Seitenganges muß der Reiter das Gefühl haben, als ob das Pferd jederzeit bereit wäre, auf den Kreisbogen einer Volte abzuwenden, deren Hauptteil außerhalb des Vierecks liegt.

Bild 24.

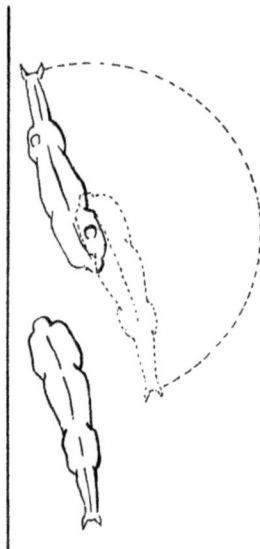

Übergang von Travers zu Renvers durch Kurzkehrt.

Entwicklung und Beendigung der Seitengänge. Übergänge aus einem Seitengang in den anderen. Vor Entwicklung eines Seitenganges muß das Pferd versammelt und richtiggestellt werden. Bei Beginn und Beendigung jedes Seitenganges sowie bei den Übergängen aus einem Seitengang in den anderen gilt als Hauptgrundsatz, daß dabei niemals eine Wendung auf der Vorhand im Gange ausgeführt werden darf, weil dadurch die Hinterhand entlastet und somit die Versammlung aufgehoben wird. Daher kann man Schulterherein und Renvers an jeder Stelle des Hufschlages durch eine Wendung auf der Hinterhand entwickeln und beenden. Bei Entwicklung von Renvers ist vorher Konter-

stellung zu nehmen. Travers darf dagegen auf der Huf=
schlagslinie der ganzen Bahn nur aus einer Ecke oder durch
Anreihen an eine Volte entwickelt werden. Beendet kann es

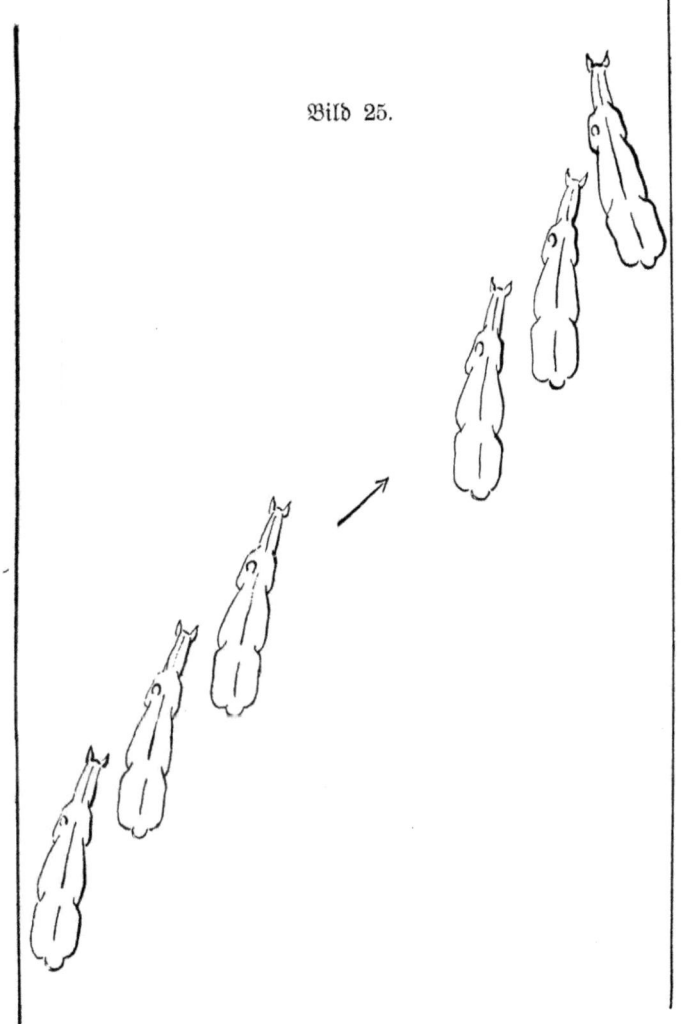

Bild 25.

Übergang aus Schulterherein zu Renvers nach Wechseln
durch die Bahn im Travers.

Bild 26. Bild 27.

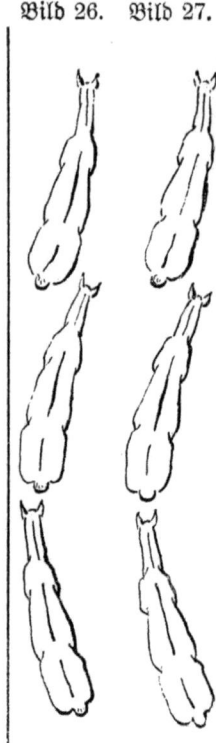

Übergang von Travers zu Schulterherein und hieraus zu Renvers.

Übergang von Renvers zu Travers.

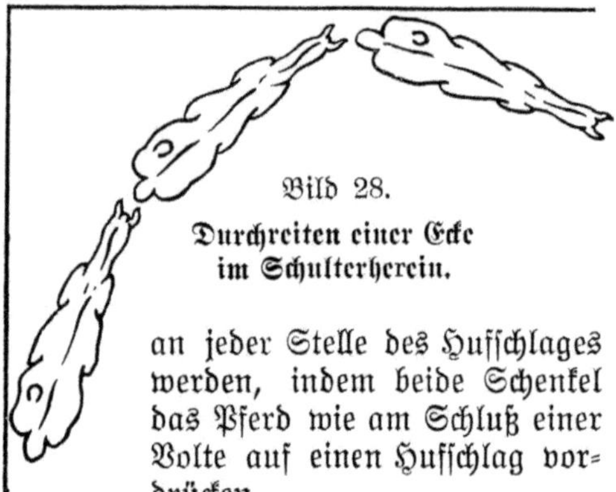

Bild 28.

Durchreiten einer Ecke im Schulterherein.

an jeder Stelle des Hufschlages werden, indem beide Schenkel das Pferd wie am Schluß einer Volte auf einen Hufschlag vor-drücken.

Aus den gleichen Gründen ist auf der Hufschlaglinie der ganzen Bahn der unmittelbare Übergang aus Travers zu Schulterherein (Bild 26) an jeder Stelle möglich, der aus Schulterherein zu Travers dagegen nur aus einer Ecke oder indem man aus der Schultereinstellung im Travers durch die Bahn wechselt (Bild 25). Zum Übergang aus Schulter-herein zu Renvers (Bild 26) und um-gekehrt wird nur die Stellung gewechselt. Ferner kann aus Schulterherein durch eine Kurzkehrtwendung zu Renvers über-gegangen werden.

Der Übergang von Travers zu Ren-vers ohne Wechsel der Seitenbiegung er-folgt am schulgerechtesten durch eine Kehrt- oder Kurzkehrtwendung (Bild 24). Außer-dem kann nach Wechseln durch die Bahn im Travers beim Erreichen der neuen Hufschlaglinie von Travers zu Renvers übergegangen werden (Bild 25).

Mit Wechsel der Biegung können die Übergänge von Travers zu Renvers und umgekehrt an jeder Stelle des Hufschlages erfolgen, wobei aus Travers die Renvers-stellung derart gewonnen wird, daß man zunächst zu Schulter-

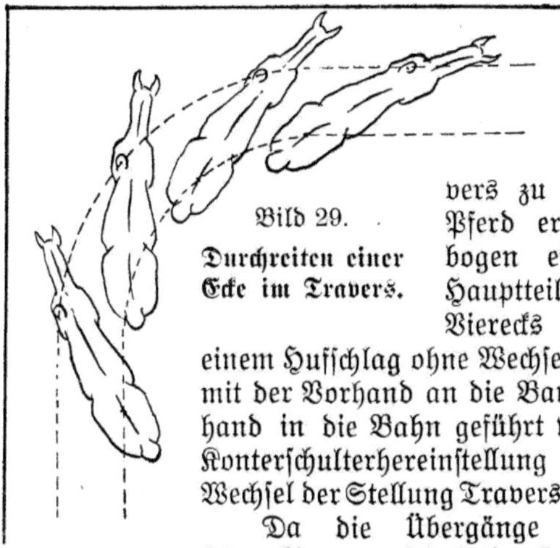

Bild 29.

Durchreiten einer Ecke im Travers.

herein übergeht und dann die Seiten=
biegung wechselt (Bild 26). Beim
Übergang von Ren=
vers zu Travers muß das
Pferd erst auf dem Kreis=
bogen einer Volte, deren
Hauptteil außerhalb des
Vierecks liegen würde, auf
einem Hufschlag ohne Wechsel der Seitenbiegung
mit der Vorhand an die Bande, mit der Hinter=
hand in die Bahn geführt werden. Aus dieser
Konterschulterhereinstellung wird dann durch
Wechsel der Stellung Travers entwickelt (Bild 27).

Da die Übergänge mit Wechsel der
Längsbiegung schwierig sind, so werden sie
in der Soldaten=
reiterei nicht gefor=
dert, sondern sind
dort nur vorüber=
gehend zur Abstel=
lung falscher Biegung bei
einzelnen Pferden gestattet.
(R. V. S. 114.)

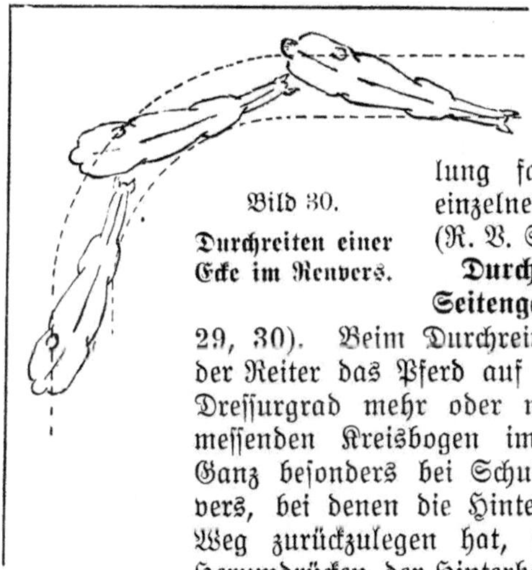

Bild 30.

Durchreiten einer Ecke im Renvers.

**Durchreiten der Ecken im
Seitengange*)** (Bild 28,
29, 30). Beim Durchreiten der Ecken führt
der Reiter das Pferd auf einem, je nach dem
Dressurgrad mehr oder minder flach zu be=
messenden Kreisbogen im Seitengange fort.
Ganz besonders bei Schulterherein und Ren=
vers, bei denen die Hinterhand den größeren
Weg zurückzulegen hat, muß man sich vor
Herumdrücken der Hinterhand um die Vorhand

*) Bei der Truppe dürfen nur im Travers Ecken durchritten
werden. Bei Schulterherein und Renvers ist der Seitengang zwei
Pferdelängen vor der ersten Ecke der kurzen Wand aufzugeben und
darf erst nach der zweiten Ecke wieder beginnen. (R. V. S. 108
und 114.)

hüten, weil dadurch die Versammlung aufgehoben wird. Während beim Durchreiten der Ecke im Renvers (Bild 30) die Konterstellung dem Schleudern und Ausfallen der Hinterhand entgegenwirkt, fehlt im Schulterherein solche Gegenwirkung. Es empfiehlt sich daher hierbei, entweder den Seitengang schon vor der Ecke aufzugeben oder, was besonders lehrreich ist, so lange im Schulterherein zu bleiben, bis das Pferd mit der Vorhand nur noch eine Pferdelänge von der neuen Wand entfernt ist. Dann schiebt man das Pferd, unter Beibehalt der Stellung, in Richtung der Abstellung auf einem Hufschlag durch die Ecke und entwickelt hinterher sofort wieder Schulterherein (Bild 28).

Das Durchreiten der Ecken muß unter Erhaltung regelmäßigen Ganges und ruhigen Gangmaßes ohne jede Stockung ausgeführt werden.

o) Schließen (Bild 31).

„Schließen ist ein Seitwärtstreten des Pferdes, wodurch der Reiter sich mit Beibehaltung seiner Front seitwärts bewegen will. Der Kopf des Pferdes ist dahin gestellt, wohin es treten soll. Die Vorhand geht der Hinterhand voraus.“ (R. V. S. 118.)

Das Schließen ist keine schulmäßige Übung, sondern dient ausschließlich zu seitlichen Bewegungen in der aufmarschierten Abteilung. Es wird nur aus dem Halten und auf wenige Schritte vorgenommen.

Zum Schließen versammelt der Reiter sein Pferd, stellt es nach der Seite, wohin er sich bewegen will, und sieht selbst dorthin. Dann führt er die Vorhand durch eine halbe Wendung auf der Hinterhand in diese Richtung und veranlaßt das Pferd mit dem hinter dem Gurt liegenden äußeren Schenkel im Schritt mit ganz ruhigen, gleichmäßigen Tritten seitwärts zu schreiten. Der führende innere Zügel erhält die Kopfstellung, während der äußere das Überschreiten der einzuhaltenden Frontlinie durch entsprechendes Annehmen verhindert und das Weichen vor dem äußeren Schenkel durch halbe Paraden gegen den äußeren Hinterfuß unterstützt. Der innere Schenkel am Gurt verhindert durch vortreibende Hilfen, daß das Pferd zurückkriecht.

Soll gehalten werden, so wird das Pferd mit beiden Zügeln und durch vorherrschenden Gebrauch des inneren Schenkels pa-

Bild 31.

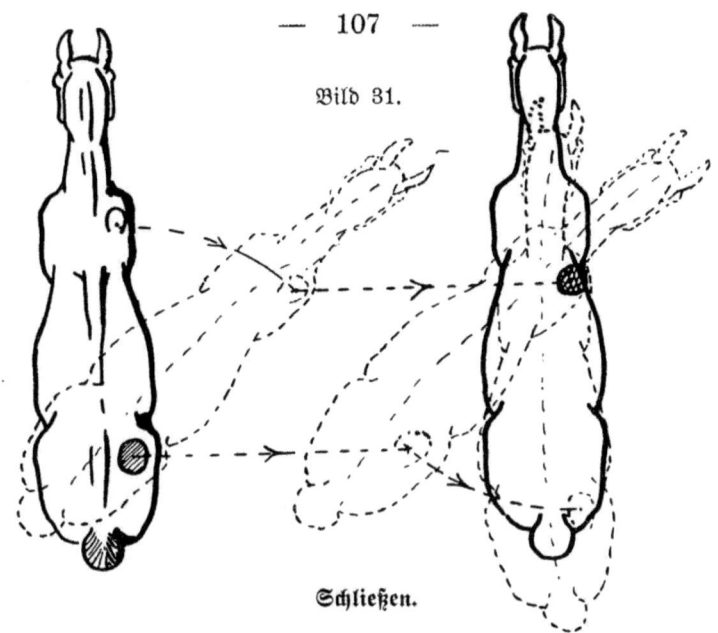

Schließen.

riert und durch eine Achtelwendung auf der Vorhand mit ent=
gegengesetzter Kopfstellung wieder senkrecht zur Frontlinie gestellt.
„Da der Reiter durch die Achtelwendung beim Schließen etwa
einen Schritt hinter die Frontlinie gelangt, so muß er nach dem
Halten sein Pferd entsprechend vordrücken." (R. V. S. 119.)

26. Einzelreiten.
(R. V. S. 120—123.)

Einzelreiten ist sowohl für die Reitausbildung wie für
die soldatische Erziehung von großer Wichtigkeit.

Der Reiter wird durch sachgemäßes Einzelreiten zur
vollen Beherrschung seines Pferdes gebracht. Bei der Dressur
des Pferdes hat das Einzelreiten den Vorteil, daß der Reiter,
ohne an Gangmaß und Abstand gebunden zu sein, so arbeiten
kann, wie es für die Ausbildung seines Pferdes zur Zeit am
vorteilhaftesten ist. Auch der Herdentrieb des Pferdes, die
Grundursache des Klebens, wird durch Einzelreiten erfolg=
reich bekämpft. Endlich gibt es dem Reitlehrer die beste Ge=
legenheit, sich mit dem einzelnen Mann und Pferd eingehend
zu beschäftigen, beider Fehler zu erkennen und abzustellen.

Jungen Reitern erteilt der Reitlehrer anfangs Wei=
sungen, was beim Einzelreiten geübt werden soll. Diese
müssen den einzelnen Reitern und Pferden angepaßt werden.
Allmählich muß jeder Reiter sein Pferd selbständig arbeiten
und, unter voller Bewahrung des richtigen Sitzes, durch sach=
gemäße Einwirkung Mängel des Pferdes in Gang und Hal=
tung abstellen lernen. Bei allen Übungen ist besonders auf
genaues Einhalten der selbstgewählten Hufschlagslinien und
Gangmaße zu achten. Gerade dadurch lernen Reiter und
Pferde am meisten. Man darf nicht nur das reiten, was die
Pferde anbieten.

Die Anforderungen richten sich stets nach
dem erreichten Ausbildungsgrad und sind
nur stufenweise zu steigern. Werden sie vor=
zeitig hochgeschraubt, so bringt Einzel=
reiten mehr Schaden als Nutzen.

Jede neue Übung ist jungen Reitern erst einzeln zu
lehren. Es wird in der Regel, namentlich mit jungen
Pferden und jungen Reitern, nur auf derselben Hand
geritten. Das Gegeneinanderreiten erfordert sichere Beherr=
schung des Pferdes und peinliche Rücksichtnahme der Reiter
untereinander. Besser ist es, wenige Übungen richtig als
viele in mangelhafter Ausführung zu reiten.

Beim Einzelreiten arbeiten entweder alle Reiter gleich=
zeitig ihre Pferde (Durcheinanderreiten), oder es werden nur
einzelne Reiter dazu bestimmt. Im nachstehenden sind die
gebräuchlichsten Arten aufgeführt.

1. Die ganze Abteilung wird aufgelöst und jeder Mann
reitet für sich. Der Lehrer gibt die Hand an, auf der geritten
werden soll, unter Umständen auch für die ganze Abteilung
oder einzelne Reiter Gangart, Gangmaß und Übung. In der
Bahn wird hierbei in der Regel nur auf einer Hand geritten.
Dieses Durcheinanderreiten ist die leichteste und nützlichste
Art der Einzelarbeit. Es bietet gegenüber den anderen Arten
den Vorteil der besten Zeitausnutzung. Abgesehen vom ersten
Reitunterricht der Rekruten und dem Anreiten junger Pferde
sollte grundsätzlich im Anfang der Reitstunde diese Art des
Einzelreitens ausgiebig angewendet werden, um jedem Reiter
Gelegenheit zu geben, so zu arbeiten, wie es für ihn oder sein
Pferd am förderlichsten ist.

2. Die Abteilung befindet sich auf dem Hufschlage, während einzelne Leute innerhalb der Bahn reiten.

3. Die Abteilung steht geschlossen in der einen Bahnhälfte oder reitet auf einem Zirkel. Die gegenüberliegende Bahnhälfte und der Hufschlag der ganzen Bahn werden zum Einzelreiten benutzt. Diese Art des Einzelreitens stellt infolge der dabei erforderlichen vielen Wendungen und der Neigung der Pferde, nach der Abteilung zu drängen, höhere Anforderungen an Reiter und Pferd als die anderen Arten und sollte erst dann betrieben werden, wenn die Reiter ihre Pferde einigermaßen in der Gewalt haben. Sie bietet den besten Anhalt zur Beurteilung, wie weit die Ausbildung gediehen ist. Ferner werden die Reiter dabei gezwungen, ihre Hilfen genau abzumessen, und die Pferde wendig gemacht und im Gehorsam befestigt. Auch kann der Lehrer die einzelnen Reiter hier am besten überwachen. Die vielen Wendungen verleiten indessen die Reiter leicht zum vorherrschenden Gebrauch der Hände, auch verlieren die Pferde durch die gebotene Kürze des Ganges leicht den Schwung. Treten diese Fehler auf, so empfiehlt es sich, zwischendurch auf dem Hufschlage der ganzen Bahn freie Gänge zu reiten. Da der größere Teil der Abteilung untätig sein muß, so ist von dieser Art des Einzelreitens, das zweckmäßig an den Schluß der Reitstunde zu legen ist, auch nur dann Gebrauch zu machen, wenn für den Reitunterricht ausreichende Zeit zur Verfügung steht.

Um zu verhindern, daß die Reiter beim Einzelreiten sich gegenseitig stören, müssen sie dazu erzogen werden, aufeinander Rücksicht zu nehmen. Dazu gehört: Freihalten des Hufschlages im Schritt, Halten nur in der Mitte eines Zirkels, rechtzeitiges Ausweichen, und zwar stets rechts, und kein Kreuzen nach dem Vorbeireiten.

Außer der Fertigkeit im Einzelreiten bedarf der Reiter besonderer Unterweisung, um bei Widersetzlichkeiten des Pferdes seinen Willen durchsetzen zu können.

Man beginnt mit dazu geeigneten Übungen bereits in der Bahn, und zwar zu einem Zeitpunkt, wo der Reiter das Pferd mit Schenkel und Zügel soweit als nötig beherrscht. Dabei wird es sich auch herausstellen, welche Pferde der Nachdressur bedürfen, weil die Ursache ihres Widerstandes Unrittigkeit ist.

Nachstehende Übungen sind zur Prüfung der Einwirkung des Reiters geeignet:

Reiten gegen die Abteilung,

Reiten neben dem Hufschlag in einer bestimmten Entfernung von der Bande,

Reiten durch die Zwischenräume einer geöffneten Abteilung,

Abwenden vom Hufschlag aus der Abteilung und gerades Aufstellen des Pferdes in der Bahn,

Herausreiten aus dem geschlossenen Gliede,

Reiten durch Lücken im Gliede,

Anlegen bestimmter Hufschlagslinien in der Nähe der Abteilung,

Überwinden von schmalen, nicht zu hohen Hindernissen. Herausfordern des Widerstandes des Pferdes durch künstliche und unnatürliche Mittel ist verboten.

Damit solche Übungen ihren Wert behalten, ist die nötige Abwechslung zu schaffen. Auch sind Übermüdung der Pferde und jedes einspielende Einerlei zu vermeiden. Wird vorherrschend in der Bahn geritten, so werden diese Übungen gelegentlich auch ins Freie verlegt, wo neben Hochsprüngen wenn möglich auch Gräben, Wälle und Klettergruben zu überwinden sind. Fehlen derartige Hindernisse, deren Anlage überall, wo die Verhältnisse es gestatten, dringend erwünscht ist, so sucht man sie beim Reiten im Gelände auf, das überhaupt die beste Gelegenheit bietet, den Reiter in der sicheren Beherrschung des Pferdes zu fördern. Zu diesen Übungen muß die nötige Zeit gefunden werden.

27. Springen und Klettern.

„Sicheres und geschicktes Überwinden von Hindernissen ist die Vorbedingung für gutes Reiten im Gelände." (R. V. S. 124.)

„Vom Reiter werden gefordert: Ein von der Hand unabhängiger Sitz bei leichter Zügelanlehnung, weiches Sichanpassen und Mitgehen mit der Bewegung, Vermeiden jeder Störung des Pferdes im Maul und Rücken." (R. V. S. 124.)

Das Pferd soll, ohne zu stutzen oder zu stürmen, in gleichmäßigem Gangmaß an das Hindernis herangehen, weder zu früh noch zu spät abspringen, das Hindernis mit möglichst geringer Kraftanstrengung überwinden und sich darauf im gleichen Gangmaß wie vor dem Sprunge auf gerader Linie weiterbewegen.

Der Reiter muß vor dem Sprung sein Pferd gerade= gerichtet an die Zügel heranschieben und es, wenn er einzeln

Bild 32a.

Absprung.

gegen ein freistehendes Hindernis anreitet, senkrecht auf dessen Mitte richten. Kurz vor dem Hindernis ist dem Pferde durch mehr oder weniger kräftige, vortreibende Hilfen der deutliche Wille des Reiters, daß es springen soll, kundzutun. Auch lebhafte und heftige Pferde, die das Hindernis anziehen, brauchen ein geringes Vortreiben, das gleichzeitig dazu dient, die Nase vermehrt vorzuschieben und das Pferd nochmals geradezurichten. Die Hand muß schon in diesem Augenblick durch Vorgehen dem Streben des Pferdes, Hals und Kopf vorzustrecken, entgegenkommen. Dies ist auch bei Pferden notwendig, die, um ihrer Neigung zum frühzeitigen Anziehen des Hindernisses zu begegnen, durch Aufnehmen vor dem Sprung in vermehrte Zügelanlehnung gekommen waren. Nur wenn der Zügel schon vor dem Sprung locker wird, kann sich das Pferd den Sprung richtig einteilen und wird nicht im Vertrauen auf die stärkere Anlehnung zu früh abspringen oder zu nahe an das Hindernis heranlaufen.

Für den Sitz im Sprunge gilt der Hauptgrundsatz, daß

Bild 32 b.

Schweben.

der Reiter mit Hand und Oberkörper unbedingt mit der Bewegung mitgehen muß (Bild 32 a, b, c). Knie und Unterschenkel bleiben fest am Pferde liegen, die Füße können bis zum Spann durch den Bügel gesteckt werden, wobei die Absätze, bei etwas nach außen gedrehter Fußsohle, nach unten gedrückt werden. Die Bügel sind, namentlich bei schweren Sprüngen, kürzer zu schnallen.

Dem Pferde ist beim Absprung so viel Zügelfreiheit zu geben, daß es den Hals nach Belieben strecken kann. Dazu muß der Reiter aus dem Ellenbogen- und Schultergelenk,

häufig sogar, namentlich bei gröberen Hindernissen, durch
Mitgehen des ganzen Armes und kräftiges Vorneigen des
Oberkörpers nachgeben.

Beim Landen ist die Hinterhand des Pferdes zu entlasten und jede Einwirkung mit den Zügeln zu vermeiden.
Einfangen des Gangmaßes und Verbesserung der Haltung
des Pferdes können erst nach vollführtem Sprung erfolgen.
Zurücklegen des Oberkörpers stört das Pferd und veranlaßt
es zu falschem und hartem Landen mit allen vier Beinen.

Bild 32 c.

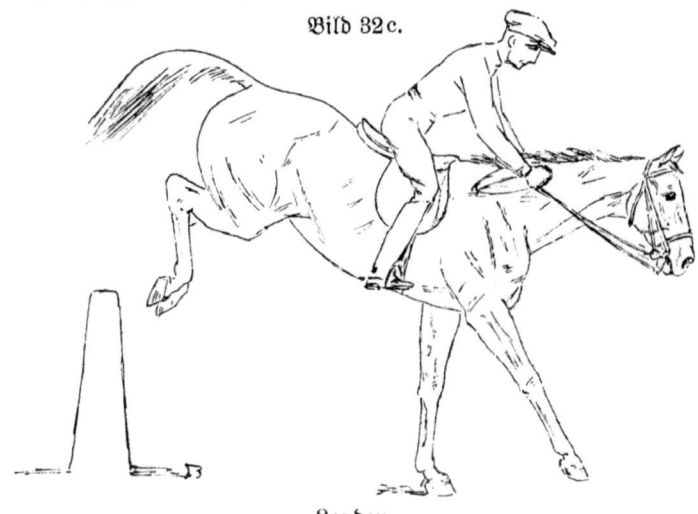

Landen.

Bei richtig ausgeführtem Sprung landen die Vorderbeine
immer zuerst, und zwar das eine früher als das andere.

Auch wenn ein Pferd beim Landen einen Vorderfuß
verliert, darf der Reiter sein Gewicht nicht nach rückwärts
oder seitwärts verlegen oder gar mit den Zügeln helfen
wollen. Er muß vielmehr bestrebt sein, durch vermehrtes
Vorgehen der Hände dem Hals des Pferdes volle Freiheit
zu gewähren, und darf es in seinen Bemühungen, das ver-
lorengegangene Gleichgewicht durch rasches Vorsetzen eines
anderen Fußes und durch eine gewichtsausgleichende Bewegung von Hals und Kopf wiederherzustellen, durch keinerlei
eigene Gewichtseinwirkung stören.

Die meisten Fehler beim Springen werden durch nicht genügendes Mitgehen mit den Händen verursacht. Daher greife der junge Reiter lieber vorn in die Mähne oder in das Vorderzeug und zwinge sich dadurch, mit der Hand nicht rückwärts zu wirken. Fühlt er, daß ihm bei unerwartet frühem Abspringen das Mitgehen mit Hand und Oberkörper nicht mehr gelingen wird, so lasse er die Zügel ganz durchgleiten.

Ist das Pferd auf Kandare gezäumt, so empfiehlt es sich, die Zügel zum Springen stets zu teilen*).

Gerittene Pferde, die mit den verschiedenen Arten von Hindernissen bekanntgemacht und ohne Reiter richtig eingesprungen worden sind, werden im allgemeinen auch unter dem Reiter willig springen. Versagt aber ein Pferd doch den Gehorsam, so muß der Reiter diesen unbedingt erzwingen.

Nur bei Pferden, die das Herz zum Springen verloren haben, darf man von diesem Grundsatz abweichen. Wenn möglich ist in solchem Falle das Hindernis niedriger zu stellen oder ein sicher springendes Führpferd zu verwenden. Auch kann erneutes Einspringen an der Hand oder an der Longe notwendig werden.

Da erfahrungsgemäß die meisten Pferde, die die Neigung haben auszubrechen, dies nach links versuchen und dazu den rechten Hinterfuß seitwärts stellen, so wird beim Anreiten als Vorbeugungsmittel oft rechtsschulterhereinartiges Geraderichten von Nutzen sein.

Bricht ein Pferd aus, so ist es vor allem sobald als möglich mit Kopfstellung nach der Seite, wohin es ausgewichen ist, zu parieren. Der erneute Anlauf zum Springen ist grundsätzlich durch Zurücktreten und Schenkelweichen, nicht aber durch eine Kehrtwendung zu gewinnen.

Bei einem Pferde, das vor einem Hindernis kehrtmacht, ist der volle Gehorsam allein durch Wenden in entgegengesetzter Richtung zu erreichen. Nur unter besonderen Verhältnissen, wie bei glattem Boden oder Mangel an Zeit, kann

---

*) Die R.V. bestimmt, daß bei Kandarenzäumung nur mit angefaßter oder durchgezogener Trense gesprungen werden darf, wobei diese vorwirken soll. Das Teilen der Kandarenzügel soll nur stattfinden, wenn ein Pferd den Gehorsam beim Springen versagt, und bei Kletterübungen.

der Reiter versuchen, durch eine mehrfache Wendung in der gleichen Richtung, nach der das Pferd kehrtmachte, zum Ziele zu kommen. Alle Wendungen sind hierbei stets aus dem Halten auszuführen.

Bleibt ein Pferd unmittelbar vor einem Hindernis stehen, so gewinnt der Reiter den nötigen Abstand durch Rückwärts= richten.

Pferde, die zurückkriechen, sind durch schnelleres Rück= wärtsrichten zu strafen, wobei man sie, um sich nicht zu weit vom Hindernis zu entfernen, auf eine Kreislinie zu bringen sucht.

Kommt man auf einem Hufschlage nicht mehr vor= wärts, so soll man versuchen, sich schulterhereinartig auf zwei Hufschlägen dem Hindernis zu nähern.

Hat der Reiter seinen Willen durchgesetzt, so ist das Pferd unmittelbar nach dem Sprung zu loben. Ist ein längerer Kampf vorausgegangen, dann soll man sich an diesem Tage mit dem einmaligen Erfolge begnügen und nicht den Sprung wiederholen oder gar seine Anforderungen steigern.

Heftige Pferde sind nicht mit Gewalt, sondern durch Ruhe an langsameres überwinden der Hindernisse zu gewöhnen.

Faule und lauerige Pferde sind durch kräftig vortreibende Hilfen zum fließenden Springen zu veranlassen.

Von Gerte und Bahnpeitsche ist möglichst beschränkter Gebrauch zu machen.

Manche Hindernisse, namentlich sehr breite, eingeschnit= tene Gräben, wird man häufig vorteilhafter durch Klettern als durch Springen überwinden. Das gilt ganz besonders für das schwer belastete Truppenpferd. (R. V. S. 131.) Für das Klettern gelten folgende Grundsätze: Beim Berg= aufreiten werden kleinere Hänge senkrecht, längere in schräger Richtung überwunden. Das Gangmaß ist dem Pferde zu überlassen, der Oberkörper wird vornübergeneigt, die Zügelhand gibt vermehrt nach, wobei eine Hand in den mitt= leren Teil der Mähne greift.

Das Bergabreiten erfolgt bei steilen Böschungen stets in senkrechter Richtung. Die Zügel sind dabei zu teilen, und die Hände bei steilen Hängen auf den Mähnenkamm auf=

zustützen. Der Reiter nimmt mit den Schenkeln vermehrten Schluß und neigt den Oberkörper so weit vor, daß dieser etwa senkrecht zum Pferderücken steht. Die Pferde müssen zum ruhigen Bergabklettern erzogen werden.

28. Verhalten auf ungehorsamen Pferden.

Bei sachgemäßer Ausbildung werden ernstliche Wider= setzlichkeiten nur selten vorkommen. Trotzdem ist es not= wendig, daß jeder Reiter weiß, wie er sich bei jeder Art von Ungehorsam zu verhalten hat. Künstliches Herausfordern des Ungehorsams ist jedoch wegen der nachteiligen Folgen, die es für die Pferde hat, unbedingt zu vermeiden. Je sel= tener aber Widersetzlichkeiten auftreten, um so seltener kommt auch der einzelne Reiter in die Lage, auf diesem reiterlichen Gebiet Erfahrungen zu sammeln. Daher muß man, sobald bei einzelnen Pferden Widersetzlichkeiten auftreten, das dabei anzuwendende Verfahren zur Wiederherstellung des Gehor= sams nicht nur dem betreffenden Reiter zeigen, sondern es auch für die übrigen Reiter zum Gegenstand der Belehrung machen.

Die meisten Widersetzlichkeiten des Pferdes haben ihren Grund in unrichtiger Dressur oder in fehlerhaften Einwir= kungen des Reiters. Deshalb besteht das beste Mittel zur Wiederherstellung des Gehorsams in der Regel darin, daß man das Pferd zunächst mit kräftigen, vortreibenden Hilfen nach vorwärts an den Zügel heranreitet und erst dann ver= anlaßt, das auszuführen, was es vorher verweigert hatte. In vielen Fällen wird dadurch der Ungehorsam schon beseitigt sein. Kommt es trotzdem zum Kampf, so ist folgendes zu beachten:

Geschlossener Sitz des Reiters mit angespanntem Kreuz ist Vorbedingung für die jetzt notwendigen kraftvollen Ein= wirkungen. Jeder Zügelanzug muß in Richtung auf den gleichseitigen Hinterfuß gegeben werden. Die Hände dürfen daher beim Wenden nicht über den Widerrist drücken. Dazu sind bei Kandarenzäumung die Zügel zu teilen und die Wir= kung der Kandare nötigenfalls ganz auszuschalten. Aus= weichen der Hinterbeine wird durch breitere Führung ver= hindert.

Der Kampf ist kraftvoll, aber mit Ruhe und Überlegung

durchzuführen. Allen Strafen muß beim geringsten Ent=
gegenkommen des Pferdes das Lob folgen.

Scheue Pferde sind mit dem Kopf dahin zu stellen, wohin
sie ausweichen wollen. Nur
so ist es möglich, die seitwärts
schiebende Kraft der dem Ge=
genstande der Furcht zugekehr=
ten Gliedmaßen zu brechen
(Bild 33). Da Scheuen
jedoch bei vielen Pferden auf
mangelhaftem Sehvermögen
beruht, muß man mit Ge=
duld und Nachsicht vorgehen.

Ein bockendes Pferd
ist durch kräftige, vortreibende
Hilfen zum Vorwärtsgehen
zu veranlassen. Die Hände steigen und geben
erforderlichenfalls kurze, nach oben wirkende
Zügelhilfen. Das Gesäß soll im allgemeinen
im Sattel bleiben. Bei stark bockenden Pferden
muß sich der Reiter jedoch etwas in die Bügel
stellen, damit das Gesäß dem Stoß entgeht.

Hat ein Pferd Sattelzwang, so ist
es zeitig vor dem Reiten zu satteln. Führen
an der Hand mit einigen kurzen Wendungen
löst unter Umständen den Zwang. Der Reiter
sitze zunächst bei leichter Führung vorgeneigt
und vermeide das Anlegen der Schenkel.

Steigt ein Pferd, so muß man
versuchen, es kräftig vorwärts zu treiben.
Gelingt dies nicht, so biegt man stark nach der
weichen Seite ab, wodurch das Zusammen=

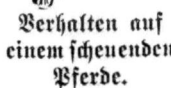

Verhalten auf
einem scheuenden
Pferde.

wirken der Streckmuskeln des Halses mit denen des Rückens
unterbrochen und dem Pferde die Möglichkeit zu hohem
Erheben der Vorhand genommen wird. Hebt das Pferd die
Vorhand trotzdem, so muß der Reiter mit seinem Oberkörper
stets senkrecht zur Wagerechten bleiben und darf mit den
Händen unter keinen Umständen nach rückwärts wirken.
Verliert das Pferd das Gleichgewicht, so läßt er die Bügel
los und sucht sich seitwärts vom Pferde abzuschwingen.

Bild 34.

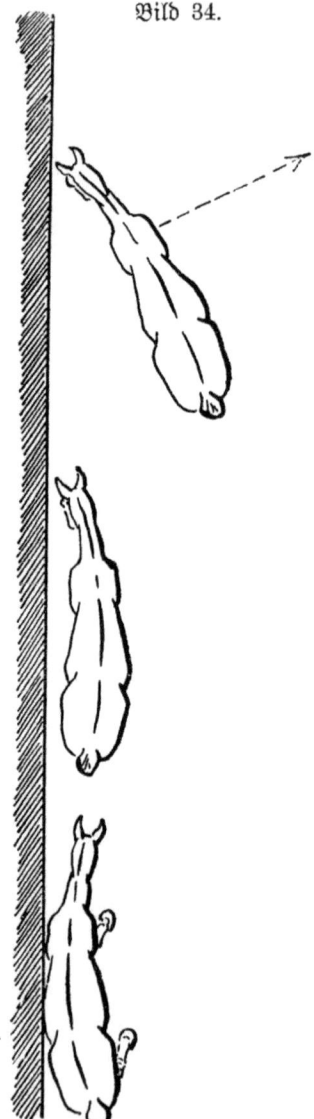

Verhalten auf einem Pferde, das gegen eine Wand drängt.

Falsch ist es, die Hände tief zu stellen, um das steigende Pferd herabzuziehen.

Bei durchgehenden Pferden darf man nicht dauernd am Zügel ziehen und den Oberkörper zurücknehmen, da man sich hierdurch das Pferd nur fester in der Hand macht und es noch mehr vorwärts treibt. Bei vorhandenem Platz versucht man auf einen großen Kreis abzuwenden und diesen allmählich zu verkleinern.

Pferde, die sich an eine Mauer lehnen, biegt man nach dieser, also nach außen hin ab, um sie auf dieser Seite hohl zu machen und darauf schulterhereinartig von der Mauer wegzureiten (Bild 34).

Bei Pferden, die das Herausgehen aus der geschlossenen Abteilung verweigern und sich gegen ein Nebenpferd stemmen, ist das Verfahren ähnlich. Führt es nicht zum Ziel, so läßt man das Pferd etwas zurücktreten und versucht es von hier aus mit kräftigen vortreibenden Hilfen durch die Abteilung durchzureiten. Notwendige Sporenhilfen, die jedoch im oder in der Nähe des Gliedes verboten sind, müssen am Gurt gegeben werden.

Bei nachhaltigem Widerstreben ist die Longe zu verwenden.

Anhang I.

1. Bahnordnung.

Aufstellung. Eine Reitabteilung wird in der Bahn entweder geöffnet mit Zwischenräumen von drei Schritt, oder geschlossen mit Bügelfühlung aufgestellt. „In der Regel werden auf Trense gezäumte Abteilungen geöffnet, auf Kandare gezäumte geschlossen aufgestellt." (R. B. S. 24.) Die geöffnete Abteilung steht gleichlaufend zur langen Wand derart, daß die Pferdeköpfe hinter der Mittellinie der Bahn bleiben. Die geschlossene Abteilung wird in der Regel gleichlaufend zur kurzen Wand so aufgestellt, daß der Mittelreiter etwa auf der Mitte des Zirkels hält.

Auf **Stillgesessen!** stellen die Reiter ihre Pferde an die Zügel und nehmen die vorgeschriebene Haltung an.

„Auch im »Stillgesessen« sind dem Reiter die Bewegungen gestattet, die erforderlich sind, richtig auf das Pferd einzuwirken. Die Hauptsache ist gute Haltung des Pferdes." (R. B. S. 31.)

Auf: **Rührt Euch!** bleibt der Reiter aufrecht sitzen, doch ist ihm freiere Bewegung gestattet. Er kann die Zügel durch die Finger gleiten lassen und dem Pferde zur Erholung volle Zügelfreiheit gewähren.

„Nähert sich ein besichtigender Vorgesetzter einer Abteilung von vorn, so wird er auf: **Achtung!** von jedem Reiter angesehen. Die Ehrenbezeugung wird auf: **Augen geradeaus!** beendet." (R. B. S. 31.) Für militärische Reitabteilungen gelten im übrigen die Bestimmungen der Ausbildungsvorschriften. Ausnahmsweise kann beim Abbrechen befohlen werden, daß der Vorgesetzte angesehen wird.

„Der Reitlehrer steht zu Beginn einer Besichtigung einen Schritt rechts (links) seitwärts der Abteilung in Höhe der Reiter. Er gibt das Kommando zum Abreiten vor der

Mitte der Abteilung mit der Front dorthin. Im übrigen hält sich der Reitlehrer in der Nähe des besichtigenden Vorgesetzten auf. Nach Beendigung der Besichtigung nimmt er seinen Platz auf dem rechten Flügel der aufmarschierten Abteilung ein.

„Ein sein Pferd führender Reiter richtet bei der Ehrenbezeugung den Kopf des Pferdes so in die Höhe, daß sich die rechte Hand etwa in Höhe seiner Schulter befindet." (R. V. S. 31.)

Abbrechen. Kommando: **Abteilung (Eskadron) zu einem rechts (links) brecht ab — Marsch (Gangart!)**

Aus der geöffneten Abteilung reitet der rechte (linke) Flügelmann im lebhaften Schritt geradeaus an. Die übrigen Reiter folgen nacheinander, sobald ihr Nebenmann mit der Kruppe seines Pferdes eine Pferdelänge über den Kopf ihres Pferdes vorgerückt ist. Drei Schritt vor der gegenüberliegenden Seite wendet ein Reiter nach dem andern in einer Viertelvolte rechts (links) auf den Hufschlag der ganzen Bahn. In der Abteilung sind dann die vorgeschriebenen Abstände von zwei Pferdelängen hergestellt.

Aus der geschlossenen Abteilung „reitet der Flügelmann geradeaus an, ebenso nacheinander alle übrigen Reiter, sobald der rechte (linke) Nebenreiter fünf Schritt herausgeritten ist. Jeder Reiter sieht und reitet geradeaus, hält fünf Schritt Abstand und beginnt drei Schritt vor der gegenüberliegenden Wand rechts (links) zu wenden, so daß er nach der Wendung auf dem Hufschlag der ganzen Bahn sechs Schritt Abstand von seinem Vorderreiter hat." (R. V. S. 29.)

Wird im Trabe oder Galopp abgebrochen, so reitet jeder Reiter zunächst im Schritt an. Der Übergang in die befohlene Gangart erfolgt aus der geöffneten Abteilung eine Pferdelänge, aus der geschlossenen Abteilung zwei Pferdelängen vor der Abteilung, und zwar so rechtzeitig, daß diese im Fluß bleibt.

Alle Reiter sehen beim Abbrechen geradeaus.

Aufmarschieren. Kommando: **Tete rechts (links) dreht, (mit Zwischenräumen) links marschiert auf — Marsch!**

Auf **Marſch!** wendet der Tetenreiter in die Bahn und reitet ſenkrecht auf die gegenüberliegende Seite los. Die folgenden Reiter reiten beim Aufmarſch zur g e ö f f n e t e n A b t e i l u n g eine reichliche Pferdelänge, beim Aufmarſch zur g e ſ ch l o ſ ſ e n e n A b t e i l u n g einen Schritt über den Punkt hinaus, wo ihr Vordermann abgewendet iſt, und verfahren wie dieſer.

Auf: **Tete — Halt!** pariert der Tetenreiter ſein Pferd ſenkrecht zur gegenüberliegenden Seite. Die übrigen Reiter reiten in unverändertem Gangmaß bis in die Höhe der Kruppe ihres rechten (linken) Nebenpferdes und rücken im verſammelten Schritt unter genauer Bemeſſung des Zwiſchen= raums oder der Bügelfühlung in die Richtung ein. Hinaus= kommen über die Richtungslinie und Schließen im Gliede müſſen vermieden werden.

Der A u f m a r ſ ch n a ch i n n e n erfolgt zur geöff= neten und zur geſchloſſenen Abteilung nach denſelben Grund= ſätzen.

Soll mit kleineren Abſtänden als zwei Pferdelängen abgebrochen oder mit geringeren Zwiſchenräumen als eine Pferdelänge aufmarſchiert werden, ſo iſt dem Ankündi= gungskommando **„mit x Schritt Abſtand"** oder **„mit x Schritt Zwiſchenraum"** hinzuzuſetzen.

Reiten in der Abteilung. Die Abſtände betragen beim Reiten in der Abteilung zwei Pferdelängen oder ſechs Schritt vom Schweif des Vorderpferdes bis zum Kopf des ihm fol= genden Pferdes. Soll mit Gliederabſtänden, d. h. mit Ab= ſtänden von ein oder drei Schritt, geritten werden, ſo erfolgt das Kommando:

Auf einen (drei) Schritt Abſtand aufgerückt — (Gangart!)

Das Aufrücken erfolgt entweder in der nächſthöheren Gangart (Gangmaß), wobei die Tete die Gangart (Gangmaß) beibehält, oder in der bisherigen, wobei die Tete hält oder die Gangart (Gangmaß) verkürzt. In dieſem Falle iſt zu kommandieren: **Tete Halt (Schritt, Trab)!**

Das Auseinanderziehen einer auf Gliederabſtand rei= tenden Abteilung geſchieht auf: **(Mit drei Schritt) vorwärts Abſtand genommen — (Gangart)!** Das Abſtandnehmen er= folgt ſtets in einer höheren Gangart (Gangmaß).

2. Huffchlagslinien.

(Bild 35 und 36.)

Der Huffchlag der ganzen Bahn besteht aus den beiden langen und den beiden kurzen Seiten und aus den vier Ecken. Die langen Seiten sollen doppelt so lang sein als die kurzen. Die Ecken sind auf dem Bogen eines Kreises von drei Schritt Halbmesser zu durchreiten.

Auf: **Halbe Bahn!** wird auf den Huffchlag der halben Bahn übergegangen. Zum Übergang auf den Huffchlag der

Bild 35.

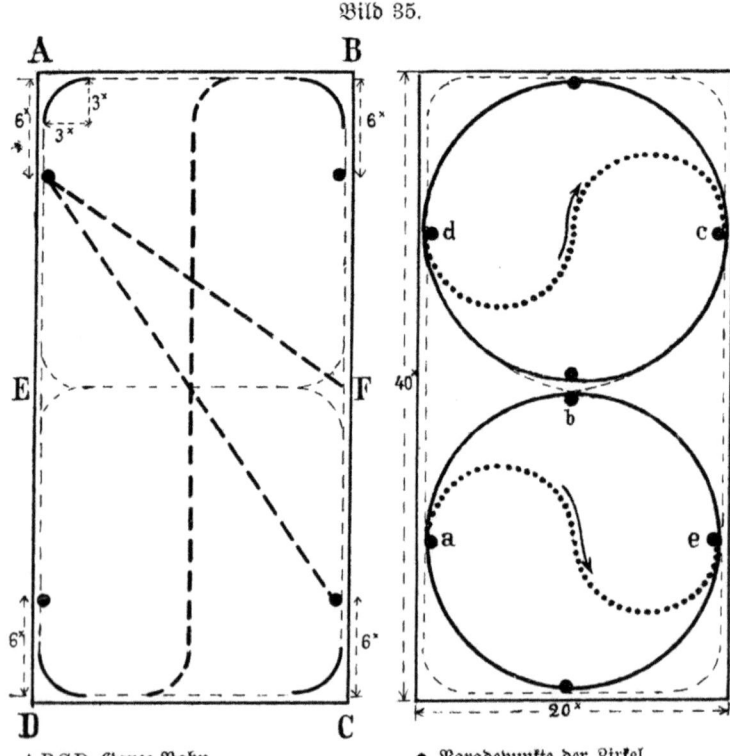

ABCD Ganze Bahn.
ABFE ⎫
DCFE ⎬ Halbe Bahn.
● Wechslungspunkte.
– – – Wechslungslinien (von der linken zur rechten Hand).
◠ Huffchlag der Ecke.

● Paradepunkte der Zirkel.
a b c ⎫ Wechslungslinien aus den
d b e ⎬ Zirkeln.
•••• Wechslungslinien durch die Zirkel.

Bild 36.

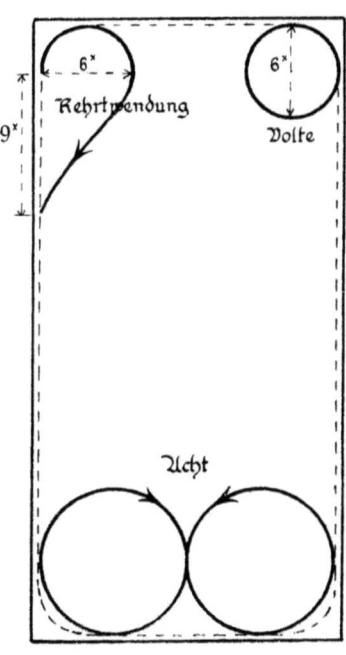

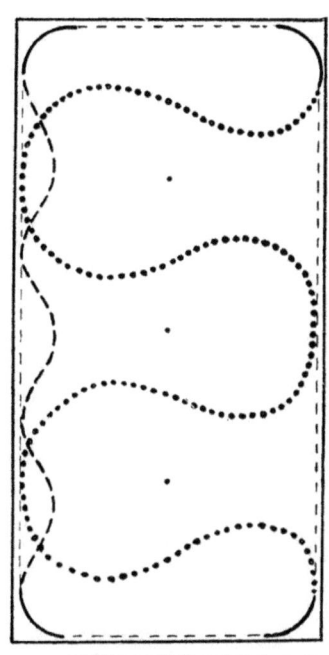

--- Schlangenlinie an der langen Wand.

•••• Schlangenlinie durch die Bahn.

ganzen Bahn wird: **Ganze Bahn!** kommandiert, sobald sich die Tete der offenen Seite der halben Bahn nähert.

Das Wechseln durch die Bahn erfolgt auf: **Durch die ganze (halbe) Bahn** oder: **Durch die Länge der Bahn wechseln (changiert)!** — Die Kommandos sind zu geben, bevor der Tetenreiter an die letzte Ecke vor der Wendung gelangt.

Im Galopp wird nur im abgekürzten Tempo gewechselt.

Zum Übergang auf den Zirkel wird: **Auf dem Zirkel** oder: **Auf zwei Zirkeln geritten!** kommandiert. Der Tetenreiter geht am nächsten Paradepunkt auf die Zirkellinie über, die übrigen Reiter folgen an derselben Stelle.

Ganze Bahn! ist zwischen den Paradepunkten der kurzen und der langen Wand zu kommandieren. Der Tetenreiter des zweiten Zirkels führt die ihm folgenden Reiter auf dem kürzesten Wege, ohne das Gangmaß zu ändern, mit richtigem Abstand auf den Hufschlag der ganzen Bahn.

Auf: **Aus dem Zirkel (den Zirkeln) wechseln!** wird am Paradepunkt der offenen Seite auf die Zirkellinie des anderen Zirkels übergegangen. Die Tetenreiter weichen sich auf der rechten Hand rechts, auf der linken Hand links aus.

Auf: **Durch den (die) Zirkel wechseln!** wird vom Parade= punkt vor der offenen Seite in den Zirkel gewandt.

Auf: **Zirkel (auf x Schritt Abstand) verkleinern!** wird der Zirkel von allen Reitern gleichzeitig so lange verkleinert, bis die Abteilung einen Schritt oder den befohlenen Ab= stand hat.

Auf: **Zirkel vergrößern!** wird der verkleinerte Zirkel von jedem Reiter im Vorwärtsreiten wieder zu seiner vollen Größe erweitert.

Auf: **Volte — Marsch!** wendet jeder Reiter sein Pferd vom Hufschlag ab, reitet einen Kreis von sechs Schritt Durchmesser und kehrt am Abwendepunkt auf den Hufschlag zurück. Es empfiehlt sich, das Kommando so zu geben, daß der Tetenreiter seine Volte in der ersten Ecke der kurzen Seite reitet.

Auf: **Abteilung (Eskadron) kehrt — Marsch!** wendet jeder Reiter auf einer halben Volte in die Bahn und kehrt drei Pferdelängen rückwärts des Abwendepunktes auf den Hufschlag zurück. Volten und Kehrtwendungen werden im Trabe und Galopp nur im abgekürzten Gangmaß geritten. In der Abteilung dürfen sie in der geschlossenen Bahn nur im Schritt und abgekürzten Trabe geritten werden.

Auf: **Tete (aus der Ecke) — kehrt!** wendet nur der Teten= reiter, die übrigen Reiter folgen ihm.

Auf: **Tete Schlangenlinie an der langen Wand!** oder: **Tete Schlangenlinie durch die Bahn!** beginnt der Tetenreiter nach Durchreiten der Ecke vor der langen Wand die Schlan= genlinie.

Die A ch t wird aus der zweiten Ecke der kurzen Seite begonnen. Sie wird ausschließlich beim Einzelreiten und im Trab und Galopp nur im abgekürzten Gangmaß geritten.

Anhang II.

Kommandotafel.

Zum Auf= und Absitzen: **Aufsitzen! Absitzen! oder Fertig zum Aufsitzen! — Auf! Gesessen! Fertig zum Absitzen! — Ab! Gesessen!**

Zum Stillsitzen, Rühren: **Stillgesessen! Rührt Euch!**

Zum Einrichten: **Richt Euch!** oder ausnahmsweise: **Augen rechts! (links!) Richt Euch!**

Zum Abbrechen: **Abteilung (Eskadron) (mit x Schritt Abstand) zu einem rechts (links) brecht ab — Marsch (Gangart)!**

Zum Aufmarschieren zur Abteilung: **Tete rechts (links) dreht, (mit Zwischenräumen) links (rechts) marschiert auf — Marsch!** und demnächst: **Tete — Halt!**

Zum Aufrücken auf Gliederabstand: **Auf einen (drei) Schritt Abstand aufgerückt — (Gangart)!** und gegebenenfalls: **Tete Halt (Schritt, Trab)!**

Zum Abstandnehmen: **Vorwärts Abstand genommen — (Gangart)!**

Zum Übergang auf den Hufschlag der halben Bahn: **Halbe Bahn!**

Zum Übergang auf den Hufschlag der ganzen Bahn: **Ganze Bahn!**

Zum Anlegen eines Vierecks: **Tete rechts (links) dreht — Marsch!** und sobald der Hufschlag festgelegt ist: **Auf dem Viereck geritten!**

Zum Wechseln durch die Bahn: **(Ohne Fuß= od. ohne Stellungswechsel) durch die ganze (halbe) Bahn wechseln! (Changiert!) Durch die Länge der Bahn wechseln! (Changiert!)**

Zum Übergang auf den Zirkel: **Auf dem Zirkel (zwei Zirkeln) geritten!**

Zum Wechseln aus dem Zirkel: **(Ohne Fuß= od. ohne Stellungswechsel) aus dem Zirkel (den Zirkeln) wechseln! (Changiert!)**

Zum Wechseln durch den Zirkel: **(Ohne Fuß= od. ohne Stellungswechsel) durch den Zirkel (die Zirkel) wechseln! (Changiert!)**

Zum Zirkel verkleinern: **Zirkel (auf x Schritt Abstand) ver=
kleinern!**

Zum Zirkel vergrößern: **Zirkel vergrößern!**

Zum Reiten einer Volte: **Volte — Marsch!**

Zum Reiten einer Kehrtwendung: **(Ohne Fuß= od. ohne
Stellungswechsel) Abteilung (Eskadron) kehrt — Marsch!**

Von der Tete ab: **Tete (aus der Ecke) — kehrt!**

Zum Reiten von Schlangenlinien: **Tete Schlangenlinie an
der langen Wand! Tete Schlangenlinie durch die Bahn!**

Zum Anfassen der Trense: **Faßt Trensen an!**

Zum Loslassen der Trense: **Laßt Trensen los!**

Zum Durchziehen der Trense: **Trensen durchziehen!**

Zum Übergang in den Schritt, aus dem Halten: **Abteilung
(Eskadron) — Marsch!**, aus der Bewegung: **Abteilung
(Eskadron) — Schritt!**

Zum Halten: **Abteilung (Eskadron) — Halt!**

Zum Übergang in den Trab, aus dem Halten oder Schritt:
**Abteilung (Eskadron) im abgekürzten Gangmaß*) —
Trab! Abteilung (Eskadron) im Arbeitsgangmaß —
Trab! Abteilung (Eskadron) — Mitteltrab**)!**

Zum Verstärken des Trabgangmaßes: **Arbeitstrab! Mittel=
trab! Zulegen! Stärker!**

Zum Verkürzen des Trabgangmaßes: **Kürzer! Im Arbeits=
gangmaß! Im abgekürzten Gangmaß!**

Zum Leichttraben: **Leichttraben!**

Zur Beendigung des Leichttrabes: **Aussitzen! (Werfenlassen!)**

Zum Entwickeln des Galopps: **Abteilung (Eskadron) Mittel=
galopp (im Arbeitsgangmaß Galopp, im abgekürzten
Gangmaß Galopp) — Marsch!**

Zum Verstärken des Galoppgangmaßes: **Arbeitsgalopp!
Mittelgalopp***)! Zulegen!**

Zum Verkürzen des Galoppgangmaßes: **Mittelgalopp! Im
Arbeitsgangmaß! Im abgekürzten Gangmaß!**

Zum Fußwechsel im Galopp: **Fußwechsel! (Changiert!)**

---

*) In militärischen Abteilungen ist statt Gangmaß „Tempo"
zu kommandieren.

) Das Kommando: **Eskadron — Trab! gilt nur für den
Exerziertrab (R. V. S. 61).

***) Das Kommando: **Eskadron Galopp — Marsch!** gilt nur
für den Exerziergalopp (R. V. S. 92).

Zum Biegen: **Die Pferde rechts (links) biegen!**

Zum Reiten in Stellung: **Die Pferde rechts (links) stellen!**

Zum Abbrechen: **Die Pferde rechts (links) abbrechen!**

Zum Geradeausstellen: **Die Pferde geradeaus stellen!**

Zur Wendung auf der Vorhand: **(Mit entgegengesetzter Kopf= stellung) auf der Vorhand rechts (links) um (umkehrt) — Marsch!**

Zur Wendung auf der Hinterhand: **Rechts (links) um (um= kehrt) — Marsch!**

Zum Wenden im Gange: **Rechts (links) um — Marsch!**

Zur Kurzkehrtwendung: **(Ohne Wechsel) kurz Kehrt — Marsch!**

Zum Rückwärtsrichten: **Abteilung (Eskadron) rückwärts richt Euch — Marsch!**

Zur Beendigung des Rückwärtsrichtens: **Halt!** oder: **Vor= wärts — Marsch!**

Zum Schenkelweichen: **Die Pferde dem rechten (linken) Schenkel weichen lassen!**

Zur Entwicklung des Schulterherein: **Schulterherein — Marsch!** oder: **Tete Schulterherein!** oder: **Tete eine lange (eine lange und eine kurze) Wand Schulterherein!**

Zum Übergang aus Schulterherein oder Travers zur Volte auf einem Hufschlag: **Volte auf einem Hufschlag — Marsch!**

Zur Entwicklung des Travers: **Tete Travers!** oder beim Anreihen an eine Volte: **Travers — Marsch!**

Zur Entwicklung des Renvers: **Renvers — Marsch!** oder: **Tete — Renvers!**

Zur Beendigung des Schenkelweichens oder eines Seiten= ganges: **Geradeaus!** oder: **Tete geradeaus!**

Beim Übergang aus Schulterherein oder Travers zu Renvers: **Zum Renvers kurz Kehrt — Marsch!**

Zum Übergang von Renvers zu Travers: **Stellungswechsel! (Changiert!)** oder: **Tete Stellungswechsel! (Changiert!)**

Zum Schließen: **Abteilung (Eskadron) rechts (links) schließt Euch — Marsch!**

Zur Beendigung des Schließens: **Halt!**

———————

★

Druck von
Ernst Siegfried Mittler und Sohn
Buchdruckerei G. m. b. H.
Berlin SW 68

★